JN299361

専修大学法科大学院教授・弁護士
矢澤昇治
*Shoji Yazawa*

# 袴田巖は無実だ

# Free Hakamada Now!

花伝社

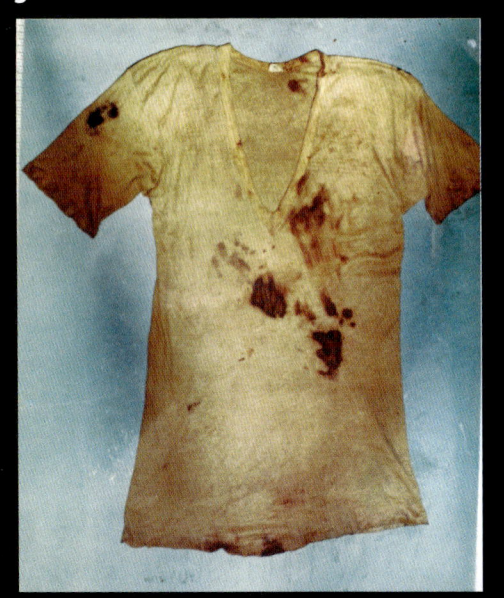

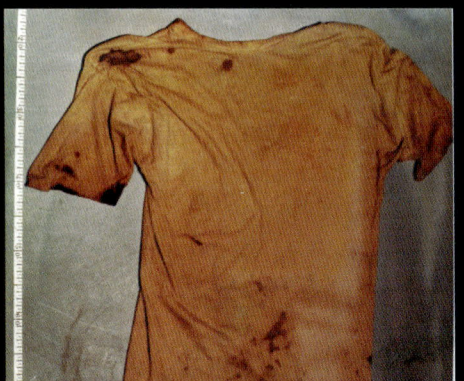

1＿事件発生から1年2ヶ月後、味噌製造工場の味噌タンク内から発見され、犯行着衣とされた「5点の衣類」のうち緑色ブリーフ。上方に見える青白い部分は、血液の付着を示すルミノール反応
2＿「5点の衣類」のうちスポーツシャツ
3＿「5点の衣類」のうち半袖シャツ（表）。右袖部にある血痕は、袴田が犯行時、右腕上部に負傷した際のものとされた
4＿「5点の衣類」のうち半袖シャツ（裏）

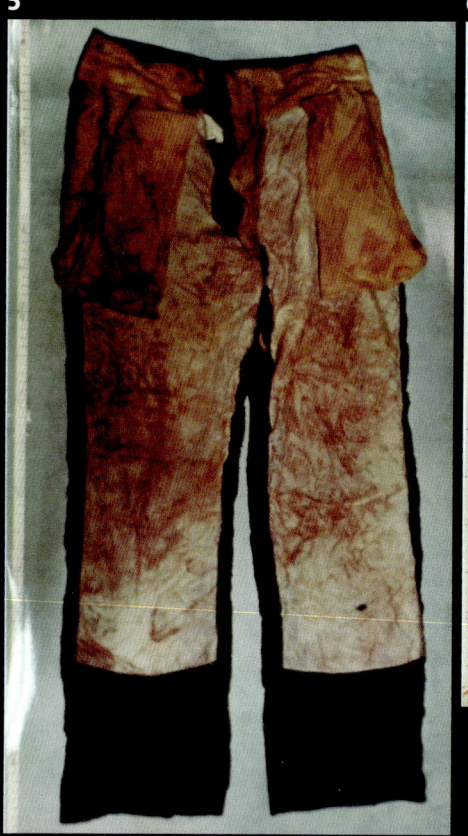

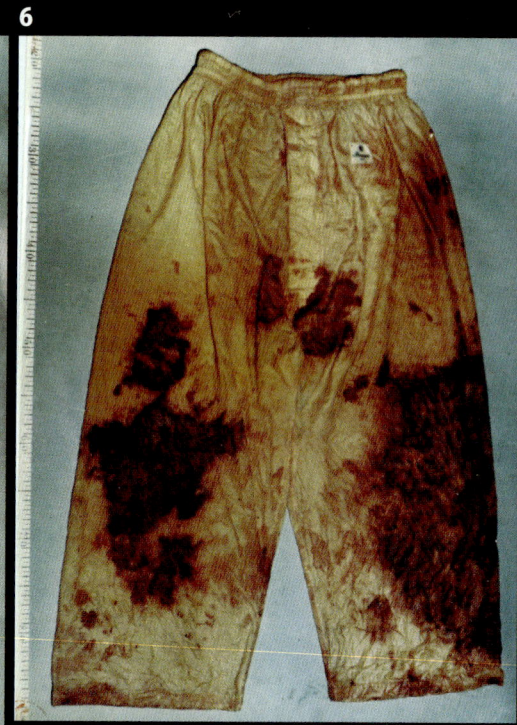

5＿「５点の衣類」のうちズボン（裏側、前面）
6＿「５点の衣類」のうちステテコ（表側、前面）。ズボンの下にステテコという装着順序を考えると、２点の血痕付着の整合性に疑問が生じる

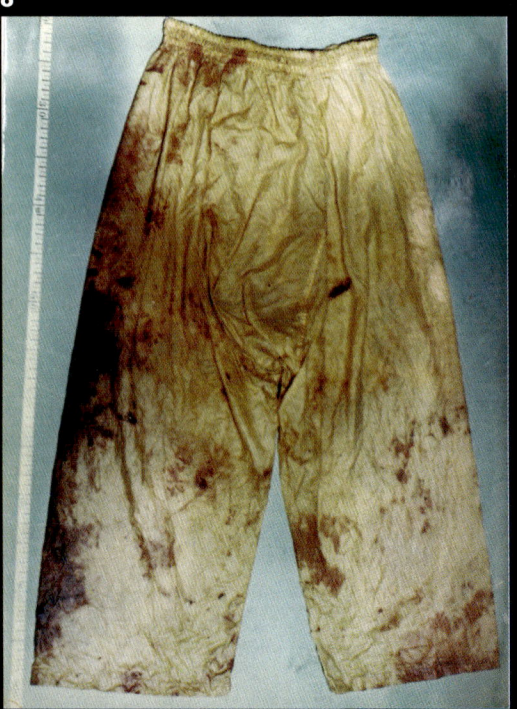

7__「5点の衣類」のうちズボン（裏側、背面）
8__「5点の衣類」のうちステテコ（表側、背面）

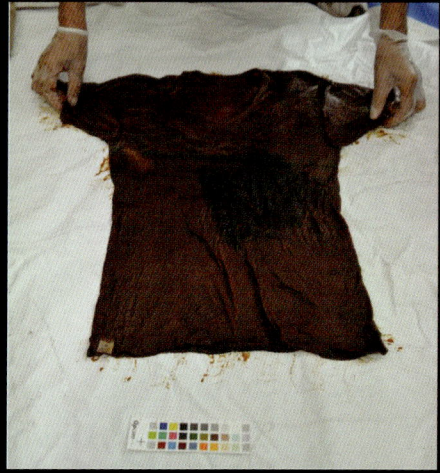

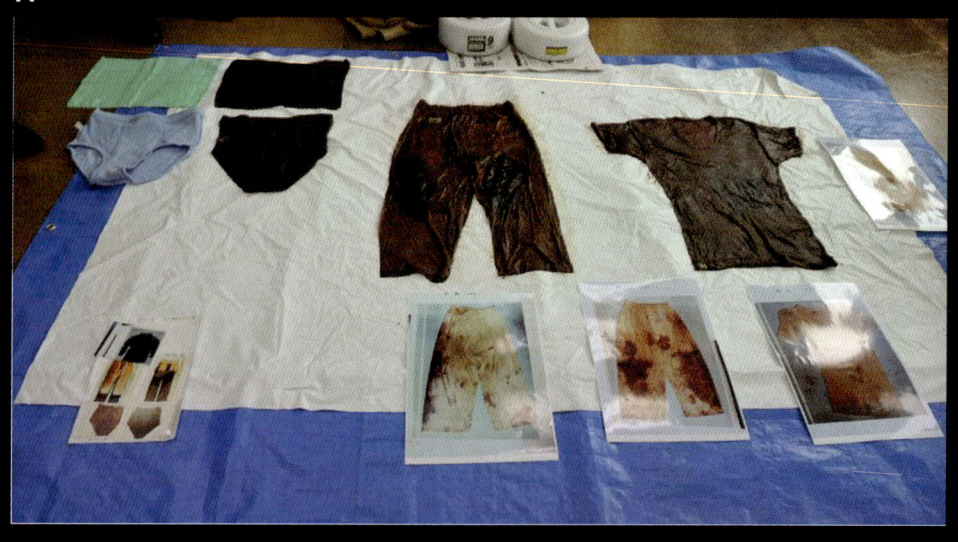

9、10、11＿2008年9月、袴田巖さんを救援する清水・静岡市民の会と弁護団により行われた味噌づけ実験の検証。裁判所は「５点の衣類」について、長期間味噌の中につけ込まれていたことが明らかと認定したが、残存味噌に人血付着の衣類を１年２ヶ月の間つけると、証拠とされた「５点の衣類」とは衣類および血液の色が明らかに異なる（第２次再審請求で静岡地裁に2009年12月に提出された報告書より）

**12**

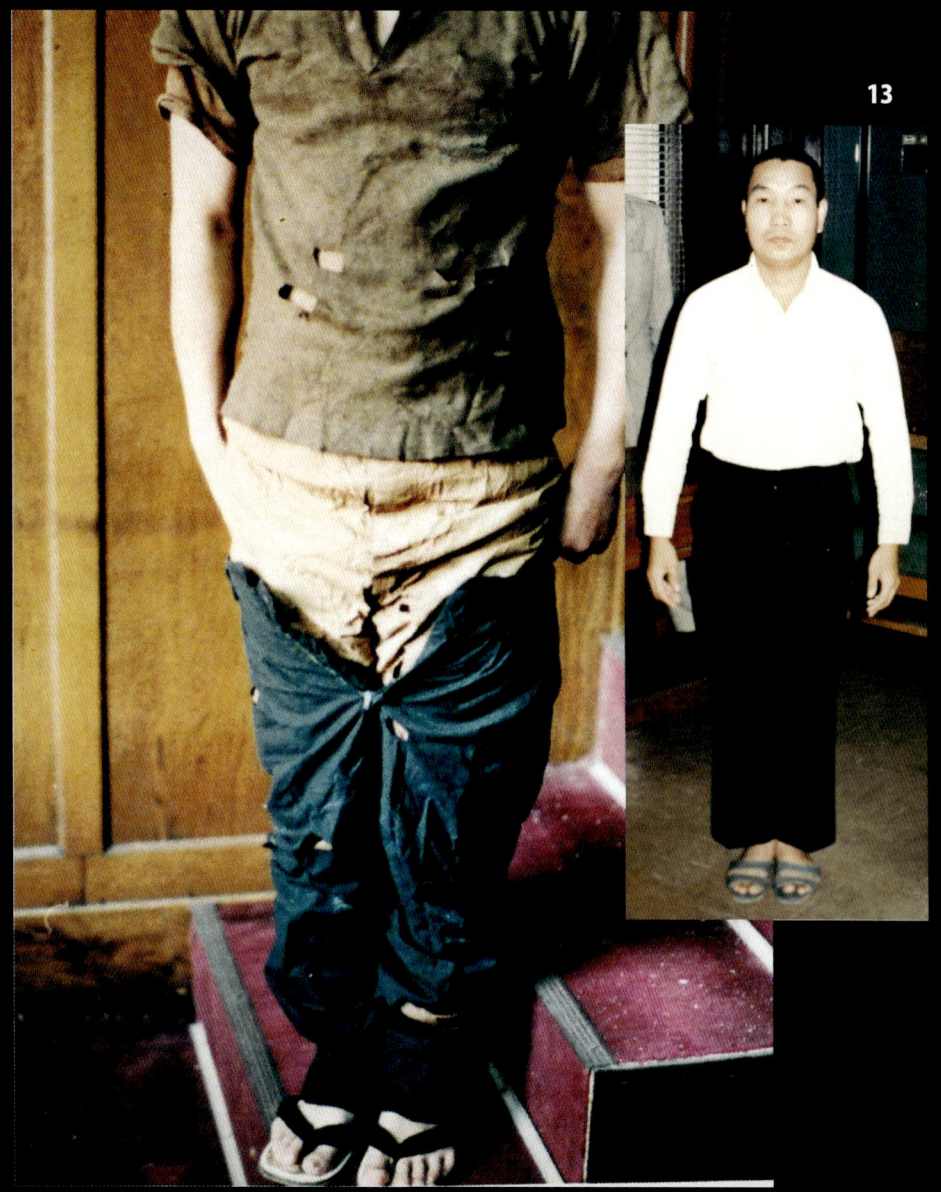

**13**

12＿1971年11月、控訴審の法廷で「5点の衣類」の装着実験が行われたが、袴田にはズボンは小さすぎ、はくことができなかった。検察側は「味噌づけになったため縮んだ」「袴田が太った」と主張

13＿袴田が逮捕当時所有したズボンは装着できた。逮捕後、袴田に著しい体重の増加はなかったと考えられる

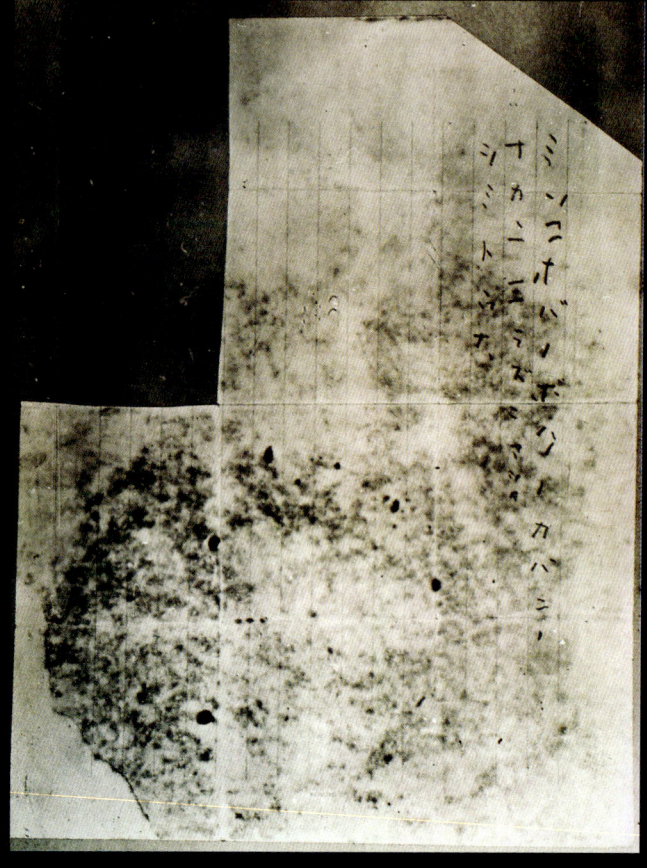

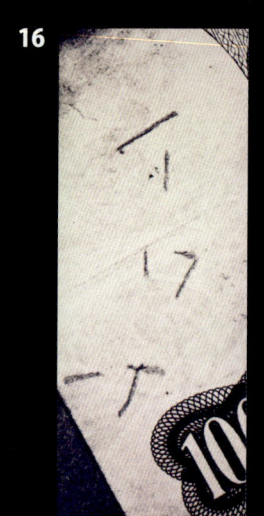

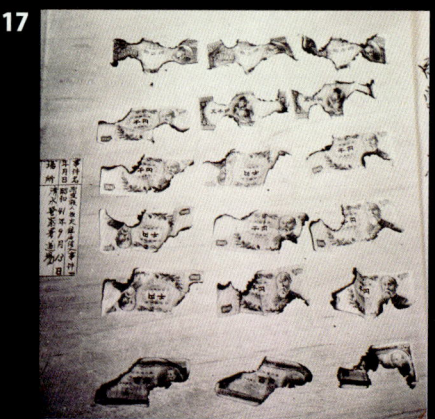

14、15＿1966年9月13日、清水郵便局内で差出人不明の清水警察署宛封筒が発見される。封筒には「シミズケイサツショ」の文字、中に入っていた便箋には「ミソコオバノボクノカバンオナカニシラズニアッタ　ツミトウナ」と書かれている

16、17＿封筒には５万700円の紙幣が入っており、番号部分が焼かれていた。うち千円札２枚に「イワオ」の文字が書かれていた

18＿ボクシングを始めた頃の袴田巖
19＿プロボクサーとしてリングに上がる袴田巖
20＿「袴田事件の再審開始を求める要請書」を提出する、歴代ボクシングチャンピオンら
21＿2008年1月の「袴田巖チャリティイベント」においてアピールする大橋秀行氏。後は袴田巖の姉、袴田ひで子さん

22、23＿浜名郡赤佐村立赤佐中学校修学旅行、鎌倉大仏前にて。前列右から２人目が袴田巖
24＿家族での集合写真。前列左から長兄・茂治、巖、長姉・と志子、次姉・やえ子。後列左から父方の叔父、母・とも、母方の叔父、次兄・実

袴田巖は無実だ◆目　次

まえがき………9

# 第1部　袴田巌を支援する人々の声、叫び、そして願い

1　第2次再審請求の申立と現状　　袴田事件弁護団事務局長　小川　秀世 … 12
2　巌さん！　そのパンチで逆転KOだ！
　　　　　　　　　　　　　東日本ボクシング協会・袴田巌支援委員会委員長
　　　　　　　　　　　　　　　新田　渉世（元東洋太平洋バンタム級王者）… 16
3　袴田巌さんは無実です
　　　　　　　　　袴田巌さんを救援する清水・静岡市民の会　代表　楳田　民夫 … 20
4　兎追いしかの山　小鮒釣りしかの川
　　　　　　　　　　　　　浜松・袴田巌さんを救う会　代表　渥美　邦夫 … 23
5　私たちにとっての「袴田事件」
　　　　　　　　　　　袴田巌さんの再審を求める会　共同代表　石井　信二郎 … 24
6　再審の流れを袴田事件へ　　日本国民救援会静岡県本部　佐野　邦司 … 26
7　「主なる我らの神よ、あなたもご承知の通り、袴田巌は無実です。
　　どうか一日も早く歴史の審判を下してください。真理に基づく再審開
　　始決定をお導き下さい」
　　　　　　　無実の死刑囚・元プロボクサー袴田巌さんを救う会　副代表　門間　幸枝 … 28
8　「FREE HAKAMADA IWAO」
　　　――アムネスティ・インターナショナルの取り組み
　　　　　　　社団法人アムネスティ・インターナショナル日本　死刑廃止担当　天野　理 … 31
9　映画『BOX 袴田事件 命とは』　　　　　　　絵と文　橋本　勝 … 34
10　ともに再審開始の日まで　　　　　　　　　　　　石川　一雄 … 36
11　菅家利和さんが語る警察の取調べ　足利事件冤罪被害者　菅家　利和 … 38
12　何を言っても通用しない取調べの中で
　　　　　　　　　　　　　　富山連続婦女暴行冤罪事件被害者　柳原　浩 … 41
13　「袴田巌死刑囚救援議員連盟」の設立
　　　　　　　　　　　新党大地代表、衆議院外務委員長　鈴木　宗男 … 43
14　冤罪を根絶せよ　　　　　　　元参議院議員　村上　正邦 … 45
15　弟とともに　　　　　　　　　　　　　　袴田　ひで子 … 47

16　死刑判決を書いた元裁判官からの手紙と上申書　　熊本 典道 … 49

## 第2部　徹底検証・袴田事件の真実

1　冤罪袴田事件 … 56
1－1　事件のあらまし　56
　（1）事件発生日時　56
　（2）天候と気温　56
　（3）場所　56
1－2　袴田事件の背景　62
　（1）冤罪の宝庫・静岡という土地柄　62
　（2）当時の報道　65

2　代用監獄での苛酷な取調べ … 70
2－1　取調べと自白　70
　（1）任意逮捕から逮捕状の執行　70
　（2）代用監獄における比類なき240時間の取調べ　70
　（3）袴田を追い込むためのいかなる工作がなされたか？　71
　（4）袴田自白は強制、拷問または脅迫で得られた　72
　（5）弱陽性を示したウロビリノーゲンの反応は、何を意味するのか？　73
　（6）署名、押印も恫喝と力づくでなされた　74
2－2　袴田容疑者と取調べの内容　75
　（1）袴田を容疑者として認定した端緒　75

3　証拠からの排除 … 77
3－1　すべての員面調書が証拠から排除　77
3－2　排除されなかった1通の検面調書　78
　（1）検察官により作成された供述の任意性について　78
3－3　豹変する袴田の自白　79
　（1）荒唐無稽でも何でもよい、とにかくストーリーだ！　79
　（2）犯行動機、侵入経路などの自白は笑止千万　80

## 4　犯行現場への侵入の怪 … 86

### 4－1　侵入経路　86
(1) 袴田の自供　86
(2) 吉村英三検事作成の袴田巖供述調書（九）（昭和41年9月9日）88
(3) 侵入口に関する警察と検察のストーリーはあり得ないこと　89
(4) 道路に向いたシャッターの鍵はかかっておらず開いていた　96
(5) ガラス戸も開いていた　101
(6) 裏木戸を巡る嫌疑と偽装工作　101
(7) 警察の作成した隠蔽写真　104
(8) ポリバケツには持ち手がない　105

### 4－2　雨合羽　107
(1) 無意味な雨合羽　107
(2) 雨合羽を着用した目的　108
(3) 雨合羽とクリ小刀の関係　108
(4) 雨合羽の発見状態　110

## 5　犯行着衣とされたパジャマ … 111

### 5－1　パジャマと血痕　111
(1) 「科学捜査の勝利」という虚偽　111
(2) 血痕鑑定の欺瞞　113
(3) 被害者の血液型の検出　114

### 5－2　パジャマと油　116
(1) これまた、科学捜査の底力？　116
(2) 油質の成分　117
(3) 犯行現場に残された石油缶　118

## 6　殺害凶器の怪 … 120

### 6－1　クリ小刀は、本件殺害の凶器であるか？　120
(1) 現場に散見された複数の凶器らしきものの無視　120

（2）クリ小刀が落ちていた位置　121
　（3）袴田の自供に基づくクリ小刀　123
　（4）沼津の刃物店　125
　（5）鞘とクリ小刀が一致しない怪　126
　（6）故障したレジスター　126

**7　被害者らの成傷 … 128**
7－1　クリ小刀と成傷の不一致　128
　（1）怪訝な鑑定　128
　（2）不可解な成傷　128
　（3）弁護人側の鑑定人による最終意見書　129
　（4）意見書の概要　130
　（5）クリ小刀の刺殺実験が物語ること　130
　（6）確定判決が前提とした凶器に係る鑑定の瓦解　131

**8　隠蔽される証拠物 … 133**
8－1　ゴム草履　133
　（1）無視されていたゴム草履　133
　（2）ゴム草履は袴田無罪の最重要証拠物　134
　（3）忽然と消えたゴム草履　135
8－2　黒革財布　135
　（1）バスのなかで拾われた黒革財布の報道　136
　（2）黒革財布事件の隠蔽工作　137
　（3）C温醸室味噌樽の下に現金を隠した？　138
　（4）黒革財布の取得は袴田の無罪を示す　138
8－3　C温醸室、D桶下　139
　（1）袴田の供述は正しい　139
　（2）徹底した捜査がなされたはず　140
　（3）無意味な偽装工作　141
　（4）費したとされる2万5000円の使途は立証されず　141

## 9 証拠物の捏造 … 143

### 9-1 金を預けたとされた女　143
(1) 袴田の供述　143
(2) 証拠のでっち上げ　143
(3) 松下を別件逮捕　144
(4) 「受け取ったことにするから」　144

### 9-2 奇怪な事故郵便（5万円の怪）　145
(1) 差出人不明の事故郵便物　145
(2) 便箋に記載された「シミズケイサツショ」　145
(3) 「カタカナ文の筆跡鑑定で一致」は、虚構　147
(4) 松下が所持する紙幣を焼くはずがないこと　148

### 9-3 左中指の傷とふみぬき痕　149
(1) 左手中指の腹にできた傷　149
(2) 福井医師の見立てと診療　150
(3) なぜ鈴木医師が出てくるのか　151
(4) 足うらのふみぬき痕　151


## 10 極めつけの捏造──「5点の衣類」… 152

### 10-1 1号タンクの状況　152
(1) 味噌タンク、味噌の仕込み、味噌の硬さ　152
(2) 味噌が仕込まれた日と麻袋を隠匿できる期間　153
(3) 不審な捜索　153
(4) 1号タンクはこがね味噌の銀座通り　154
(5) 麻袋発見の怪　155
(6) 「しろうとが見ても血だ」　157
(7) 麻袋の味噌づけ　158

### 10-2 味噌樽から出てきた5点の衣類　159
(1) 5点の衣類に見られる血痕　159
(2) 被害者の血液型が散りばめられている　164

（3）緑色のブリーフ　164
　（4）はけないズボンで死刑　166
　（5）損傷がある二組の着衣の存在が意味すること　168
　（6）袴田右腕上腕部の傷と着衣の血痕・損傷部分のずれ　173
10－3　共布　175
　（1）共布発見の偽装　175
　（2）検事作成の供述書は何を語るのか　176
　（3）ズボンに入っていたはずのネーム　177
　（4）こうしてすべてが仕組まれた　178
10－4　絆創膏　179
　（1）絆創膏の出所　179
　（2）不実記載の供述調書　180
　（3）絆創膏の同一性　181
　（4）警察は絆創膏の製品名を知っていた　182
10－5　手拭いと手拭い切れ端　182
　（1）捨てた手拭いと検事の証言　182
　（2）手拭いと血痕　183
　（3）AB型の後にB型の血液型の検出の怪　184
10－6　マッチ箱　―たかがマッチ箱、されどマッチ箱―　185
　（1）ズボンから出てきたマッチ箱　185
　（2）これ見よがしのマッチ箱　186
　（3）マッチ箱のしまい場所　187
　（4）自供の図が意味すること　187

# 第3部　袴田巌の素顔

1　袴田巌の手紙と書簡、獄中からの祈り…191
1－1　原判決の空理空論の誹りは免れ得ない（1974年4月30日書簡）　191
1－2　本件血染のズボンの端布らしい布切を、私は警察で見た（1974年5月7日書簡）　196

1－3　私は純白がゆえに作意あらば何色にも染まる（1975年3月25日書簡）　200

1－4　1977年5月11日 葉書（権力犯罪）　202

1－5　1979年4月11日 葉書（3名の最高裁裁判官の退官）　203

1－6　聖書と私（1981年7月19日）　204

1－7　死刑――人間として間違っていないだろうか？（1982年5月13日）　205

1－8　息子よ、気を落とすことはない（1982年11月28日 書簡）　206

1－9　チャンはこの鉄鎖を断ち切ってお前のいる所に帰っていくよ（1983年2月8日 書簡）　208

1－10　上告趣意補充書（1978年5月18日、昭和51年（あ）第1607号）　210

**2　面会報告** … 215

2－1　2010年4月14日（水）新田 渉世　215

2－2　2010年4月22日（木）袴田 ひで子・山崎 俊樹　216

2－3　2010年5月26日（水）新田 渉世　221

あとがき　224

参考文献　228

Imagine the situation of Hakamada, prisoner awaiting execution !
　　― Forty-four long years ―　229

年表　232

# まえがき

　袴田巌の信ずる神は、存在しないのだろうか。
　神が存在せず、出てこないとすれば、人間である私たちが出るしかない。冤罪袴田事件には、今まで多くの人々がたずさわってきた。しかし、まだ、雪冤(せつえん)の実現を果たすことができないでいる。何とかしたいと想う多くの人々のうちの1人として、冤罪で死刑確定囚とされている袴田巌の想いと叫びを、できるだけ多くの人々に伝えたい。そして、袴田巌を救いたい。これが本書を公にする目的である。是非、1人でも多くの人に、この本を手にとってどの頁でもよいから開いてみて欲しい。そして、一体どこに袴田を有罪にする事実が存在するのかを考えて欲しい。
　袴田事件は、わが国で発生した冤罪事件のほとんどすべての特徴を兼備していると断言してよい。まず、見込み捜査が行われる。ついで、別件逮捕、「会社の味噌を盗んだ」というのだ。そして、代用監獄における長時間の取調べがなされる。幸浦、二俣、小島、島田、弘前、免田、財田川、松山の各事件、そして、最近の足利事件。再審は実現していないが、狭山事件も然りである。過酷な取調べは、罵詈雑言は当然のこととして、少なくとも髪を引っ張り、足蹴にされ、小突かれるのは当たり前の暴力を伴う。このようにして自白の強要がなされる。
　被疑者は、暴力的取調べの恐怖に怯えながら、睡眠不足に陥り思考能力すら喪失する。寂寥感を超えて孤立感に打ちひしがれ、ひたすら続く苦痛から解放されるために自白したが最後、後の祭りだ。
　警察により支離滅裂な事件像が捏造される。空想だろうが妄想だろうが、荒唐無稽だろうが何だろうが、証拠の女王たる自白があれば、それがすべてだ。誘導されて犯行のストーリーが捏造される。そして、これに適合するような証拠も捏造される。
　狭山事件において鴨居から万年筆が発見されたように、慎重に捜査されてもなかったはずのものが後日出てくる。袴田事件では、5点の衣類が味噌タンクから唐突に発見されるのである。そして、当初の捜査では発見さ

れなかったズボンの共布が忽然と姿を現す。

　さらに、被告人に有利な物証は隠匿、隠蔽され、廃棄される。被告人に有利な証言をする人は闇に葬られ、ときには偽証罪で訴追される。被告人に不利な偽証をする人が集められる。そして、実直な警察官（山崎兵八）も「気違い」扱いされる。これが警察のやってきた実態だ。

　このような警察の行動を、検察が後押しする。警察の行為を批判的に検討するどころか、警察と検察が一体となって、袴田を罪におとしめていく。

　しかし、裁判所の機能も死んだ。予断と偏見を抱いて、無批判的に、検事の論告をオウム返しに判決文をしたためるだけなのである。第一審の静岡地裁から現在の第２次再審請求に至るまでの裁判所は、専ら、袴田を確定死刑囚となし、行政処刑を実現するためのお墨付きを与えた。これが、袴田事件を取り扱う事実に即して判断しようとしない、予断と偏見に満ちた司法の実態だ。静岡地方裁判所の元裁判官熊本典道も、無罪を確信しながら、死刑判決文を書くことを余儀なくされた。

　とにかく袴田巖を犯人とし、死刑とするために、警察・検察そして裁判所により、いかなる事件像が創り出さたか。また、それを真実であるかのようにカモフラージュするためにどのような作為がなされたかを、直視して欲しい。これが、本書において私の祈念するところである。

　　袴田巖の想いを天まで届かせ、再審を実現しよう！
　　そして、袴田巖を救済しよう！
　　Free Hakamada Now！

# 第1部

袴田巖を支援する人々の声、
叫び、そして願い

# 1　第2次再審請求の申立と現状

袴田事件弁護団事務局長　**小川 秀世**

**再審のための2つの問題**

2008年3月24日、最高裁は袴田再審請求事件について、弁護人による特別抗告を棄却した。これによって、27年も要した第1次再審請求が終わってしまった。

しかし、袴田さんは確定死刑囚である。いつ、刑が執行されるかわからない。直ちに、第2次再審請求を申し立てなければならない。

ただ、ここで2つの問題があった。1つは、袴田さんから、弁護人選任届をもらえないことである。拘禁症のため、事件についての会話が一切成り立たないからである。2つ目は、再審の場合、法律上必ず必要とされる新証拠をどうするか、ということである。

**姉ひで子さんによる申立**

第1の問題は、以前より検討していたことであったが、私たちは、袴田さんが心神喪失であるから、親族による申立が認められるとの主張を展開した。

袴田さんは、日常的な会話をすることは不可能ではない。しかし、自らが確定死刑囚であることを自覚してはいない。そのため、再審請求をすることができること、自らが再審請求人であったことの認識はなくなっていた。

そうであるとすると、自らの判断と意思でもって新たな再審請求をすることはできない状態なのであるから、再審請求に関しては、「心神喪失」と言ってよいのではないか。これが、私たちの理屈であった。

これを裏付けるため、精神科医の中島直医師が、袴田さんと面会した上で、きわめて詳細な精神鑑定書を作成してくれた。さらに、このような法律論もはじめてだったので、刑事訴訟法学者の新屋達之・大宮法科大学院大学教授に、法的な理論を構築していただいた。

こうして、本人ではなく、親族たる姉ひで子さんによる再審請求を申し立てることにした。

## ５点の衣類の状態に着目

次に、新証拠をどうするのかの課題があった。ただ、新証拠を短期間に用意することに、さほど心配してはいなかった。袴田事件は、45通もの自白調書はあるが、実際には、犯行着衣とされる５点の衣類やその他の膨大な物証によって有罪とされたものである。そして、袴田さんが無実であるということは、それらの証拠は、突き詰めていけばすべてが必ず崩れてしまうという確信があったからだ。

ただ、中心証拠が５点の衣類であることは、第１次再審請求において裁判所自身が明らかにしていた。だから、それを崩すための新証拠がもっとも効果的である。

そこで、最高裁の特別抗告棄却決定をみると、５点の衣類について、まったくおかしな認定をしている点があった。それは、「５点の衣類及び麻袋は、その発見時の状態等に照らし長期間味噌の中につけ込まれていたものであることが明らか」と判断しているところである。

「発見時の状態」というのは、麻袋に入って味噌タンクの中から発見された５点の衣類が、発見時、味噌によって茶色に染まっていたことを言っていることは明白だった。しかし、だからといって直ちに「長期間」つけ込まれていたと判断することはできないはずである。味噌の中につかっていた麻袋入りの衣類が茶色に染まるためには、どのくらいの期間が必要であるのか、そんな実験をした人など誰もいない。だから、裁判官にも、絶対にわかるわけがない。

まして、確定判決の認定では、つかっていたのは１年２ヶ月間というのである。茶色に色づいた状態から、それが１年２ヶ月なのか数日であるのか、どうしてわかるのであろうか。にもかかわらず、最高裁が「明らか」などと言うのは、絶対に間違っている。

そして、もし、短期間で茶色に染まるというのであれば、５点の衣類は、発見直前にタンクに入れられた可能性があることになる。つまり、捏造の

可能性があるということである。

## 短期間で「発見時の状態」に

　こうして、味噌づけの実験をすることになった。
　まず、短時間で、このような味噌づけ状態にするためには、どうしたらよいか。
　味噌の醸造をしていると、「たまり」と言われる滲出液が浮き上がってくる。そこで、私たちは、たまりと味噌をつかうことにした。その中に、麻袋入りの衣類をつけたのである。
　そうすると、わずか20分で、「本物」以上に茶色に染まった衣類ができあがった。簡単であった。つまり、その色だけで、長期間味噌につかっていたなどと言えないことがはっきりしたのである。味噌工場だから、たまりを使うこともできたはずである。
　こうして、新証拠を用意することができた。
　この「味噌づけ実験報告書」のほかに、第1次再審請求のときに最高裁で提出したため、何ら判断が示されなかった澤渡第3鑑定も、新証拠として提出した。これは、5点の衣類のうち、ズボンの太股のサイズが袴田さんのはいていたズボンのサイズよりもはるかに小さく、それが、袴田さんがはくことができなかった理由であることを明らかにしたものである。

## 第2次再審請求の紆余曲折

　こうして、最高裁が棄却してから1ヶ月後の2008年4月25日、私たちは、ひで子さんを請求人として、静岡地裁に第2次再審請求を申し立てることができた。
　ところが検察官は、当初、私たちの再審請求をまったく認めようとしなかった。袴田さんは心神喪失とは言えないから、ひで子さんによる再審請求は許されないというのである。そのため検察官は、まったく不当な対応に出た。検察官が保管している袴田事件の確定記録を、裁判所に渡そうとしなかったのである。
　これによって1年間、裁判所での審理はまったく進まなくなってしまっ

た。

　この問題は、ひで子さんが家庭裁判所により、袴田さんの保佐人に選任されたため解決した。保佐人は本人とともに、再審請求をすることができるとされているからである。

　さらにその間、2番目の味噌づけ実験も完成した。1年2ヶ月間もつけておくと、衣類の色は、今度はほとんど真っ黒になってしまい、「本物の」5点の衣類にはならないことが明らかになった。これは、発酵が進むことで味噌の色がどんどん濃色になってしまうからであった。

　この実験によって、最高裁の認定とは反対に、1年2ヶ月間も赤味噌につかっていたとはいえないことが明らかになったのである。

**証拠開示への期待**

　弁護団としては、さらに証拠開示に向けても努力している。再審事件の証拠開示については、個々の事件によって、裁判所も検察庁も対応がばらばらであった。例えば布川事件などは、検察官が証拠開示に応じ、それが再審開始に大きな力になった。これに対して、袴田事件においては、第1次再審のときから証拠開示を請求してきたが、裁判所は何ら積極的な対応をせず、検察庁は必要ないとの回答に終始していた。

　しかし、裁判員制度とそれに伴う公判前整理手続の制度の導入で、少し状況が変化したのである。再審請求においても証拠開示を認めるべきであるという議論が、現役の裁判官からも出てきたからである。

　そのためか、この事件でも、検察官が任意に未提出記録の証拠開示を検討すると約束しているところである。この点は、大いに期待したい。

　袴田さんは現在、74歳である。いずれにしても、時間がない。弁護団としては、それを常に頭におきつつ、努力しているところである。

## 2　巖さん！　そのパンチで逆転ＫＯだ！

東日本ボクシング協会・袴田巖支援委員会委員長<br>
**新田 渉世**（元東洋太平洋バンタム級王者）

　ボクシング界の支援活動は、この事件が最高裁で死刑が確定する1980年頃から本格的に始まっています。1992年11月30日には、後楽園ホールで「袴田巖・再審支援チャリティボクシング」というイベントが開催され、新旧世界王者19名が参加。様々なアトラクションが行われ、ボクシング界をあげての支援活動が繰り広げられました。残念ながら、その後はしばらく活動が休止してしまいました。現在の支援活動は、2006年に東日本ボクシング協会内に袴田巖支援委員会が設立されて以来、行われるようになったものです。

　後楽園ホールのリング上から、新旧世界王者たちが支援アピールを行うイベントや支援Ｔシャツの完成披露、そして最高裁へ「再審開始要請書」の提出と続けてきました。さらに2008年1月には、「袴田巖チャリティイベント」を開催し、新旧世界王者20名が集まり、スパーリング大会や、ちびっ子ボクシング教室など様々なアトラクションを通して、袴田さんの無実を訴えてきました。この袴田事件と同時期に米国で発生した、元プロボクサーによるえん罪事件の当事者で、映画『ザ・ハリケーン』のモデルとなったルービン・ハリケーン・カーター氏からのビデオメッセージも届けられ、会場で放映しました。しかし、同年3月24日、最高裁は再審請求特別抗告を棄却したのです。

　2008年4月、静岡地裁への第2次再審申立以降もなお、ボクシング試合会場での「袴田巖支援ニュース」の配布や募金活動など、私たちボクシング関係者を中心に、支援活動が継続して行われています。

　袴田さんは、東京拘置所での長い拘留によって精神が蝕まれたこと（拘禁症状）が、医師の診断により明らかになっています。刑事訴訟法第479条では、「死刑の言渡を受けた者が心神喪失の状態に在る時は、法務大臣の命令によって執行を停止する」と明記されていることから、「死刑執行

停止および医療施設への移送」を求める署名を集め、2009年2月及び11月に法務省へ提出しました。その署名総数は実に9万余筆に及びました。

私自身、2007年の法改正（被収容者処遇法）により、拘置所での袴田さんとの面会が、ボクシング関係者としては27年ぶりに叶いました。それ以来、ほぼ毎月袴田さんとの面会を重ねています。拘禁症状の影響で再審請求のすすみ具合など、袴田さんとの具体的な会話はあまり成り立ちませんが、ボクシングの話題になると不思議と話が合うのです。勿論100パーセントではないのですが、他の話題と比べると雲泥の差です。

この面会を積み重ねることが、再審の扉を開く具体的な力にはなるとは言い難いのですが、少しでも袴田さんの気持ちが安定し希望を持つ事が出来るように、そのきっかけを作る事が、私の務めだと思っています。

同時に、袴田さんに関心を寄せている多くの方々に、現在の袴田さんの様子を伝えることも私の大切な役割です。

袴田さん！　あなたのハードパンチと私たちの声援で、逆転勝利を叶えましょう！

なお、袴田さんに続く多くのボクサーを代表して以下の方々から寄せられた声を紹介します。

## 花形 進（元WBA世界フライ級王者）

袴田さんは何と言っても大先輩です。昔の事で詳しい事はよく分かりませんが、資料を見た限りでは証拠品などにも疑問があり、無罪だという印象が強いです。ホントに可哀そうだと思います。

**畑中 清詞**（元WBC世界ジュニアバンタム級（現スーパーバンタム級）王者）

いろいろ資料を調べても、やはり冤罪の可能性が高いと感じます。私自身、あまり支援活動に参加出来ていませんが、皆さんの力を借りて何とかして大先輩の再審を実現させ、塀のこちら側へ来られるように強く望んでいます。

**セレス小林**（元WBA世界スーパーフライ級王者）

「袴田さんは冤罪だ」と信じています。やっぱりこのままじゃ絶対いけないと思いますよ。もうご高齢で先はそんなに長くないかもしれないし、名誉の為にももう一度きちんと調べて欲しい。難しい事はよく分からないですけど、とにかく早くしないと……。

**渡嘉敷 勝男**（元WBA世界ジュニアフライ級（現ライトフライ級）王者）

裁判官の１人が40年以上経った今でも無罪を主張し続けている事実に対して、知らん顔をするのはおかしいと思います。足利事件でも、科学技術の進歩で正しい答えが出たのだから、もう一度苦しんでいる人の真実を明らかにして欲しいです。

**飯田 覚士**（元WBA世界スーパーフライ級王者）

袴田事件は「元プロボクサーだからやりかねない……」といったボクサーに対する偏見が、当時の警察や裁判官、世間一般の人々にあったが為に起きた冤罪事件だと私は思っています。この事件を初めて知った時、同じボクサーとして悲しみと同時に強い怒りも感じました。私は４年前から支援活動に協力してきましたが大きな進展はみられず、袴田さんはいまだに獄中生活です。この本を読んで、１人でも多くの支援者が増えることを期待します。

**輪島 功一**（元WBA・WBC世界ジュニアミドル級（現スーパーウェルター級）王者）

　私は2006年頃からずっと支援活動を続けています。袴田さんの死刑が長い年月の間に執行されないのは、関係者が無罪だと思っているからです。こういう事をはっきり言うと批判されるかもしれませんが、私は自信を持ってそのように言ってきました。はけないズボン（犯行着衣）もおかしい。一日も早く外へ出して、ボクシングの試合を見せてやりたい。

**大橋 秀行**（元WBC・WBA世界ストロー級（現ミニマム級）王者）

　この事件は私が生まれた頃に起きた事件であり、袴田さんは、私がこれまで生きて来た時間をずっと獄中で過ごして来ました。本当に胸が痛みます。清水の事件現場にも2度足を運びましたが、あの静けさの中での大惨事に誰も気づかなかったという事に、改めて疑問を抱きます。単独犯による乱闘の末に起こった事件だとしたら、異変に気付く者が必ずいるはずです。無罪を勝ち取り、何とか獄中から生還してもらいたいです。

## 3　袴田巌さんは無実です

袴田巌さんを救援する清水・静岡市民の会　代表　楳田 民夫

　袴田巌さんは無実であると確信出来るのでしょうか。私たちが清水で救援運動を行う根幹に関することですから、清水に住んでいる市民の感覚でこの事件に関わらなくてはなりません。

　私たちがまず疑問に感じたのは、隣家の者が悲鳴や助けを呼ぶ声を誰も聞いていないということです。

　事件現場は、旧東海道沿いの古い家並みが軒を接し、隣家の土間を下駄で歩く人の足音が聞こえていたといいます。一審静岡地裁の判決文では、被害者4人は全員就寝中であり、1人ずつ順番に殺されていったことになっています。しかし、遺体の着衣や現場検証調書などでは、被害者が起きていた事を示すものもあります。

　次に、遺体には全員で40ヶ所以上の傷がありますが、致命的なものはわずかで、それぞれ一気に殺さなかったことを意味し、拷問的な何かを感じます。

　他にも動機、侵入経路、凶器、放火など多くの疑問があり、袴田さんが、たった1人で、30分足らずで犯行を犯すことは不可能だ、というのが私たちの得た結論でした。

　下された判決に素朴な疑問を感じた私たちは、調べれば調べるほど、有罪＝死刑判決は明らかに誤判であると確信しています。誤判は裁判のやり直し（再審）で正さなくてはなりません。そのためには、①袴田さんの無実を明らかにする新証拠の発見、②私たちのような素朴な疑問を抱く世論の高まり、③「疑わしきは被告人の利益に」という刑事裁判の鉄則を守る裁判官の良心、これらが必要だと思います。

　現在もっとも争点になっている、味噌づけの5点の衣類に関し、最高裁は何の根拠も示すことなく、特別抗告棄却理由の中で、「これらの5点の衣類及び麻袋は、その発見時の状態等に照らし長期間味噌の中につけ込まれていたものであることが明らかであって、発見の直前に同タンクの内に

入れられたものとは考えられない」と断定しています。

　味噌づけの衣類が長期間つけ込まれたものなのか否か、なぜ判断できるのでしょうか。私たちは、①味噌づけ衣類は短時間で作成可能、②逆に赤味噌1年ものの残存味噌に衣類を入れ1年2ヶ月間も味噌づけにするとどうなるのか、という実験を行いました。

　その結果、①の実験では、20分前後で証拠とされた5点の衣類に類似した衣類を作り出すことができ、②では、長期間の味噌づけにより衣類の色は元の色の状態が全くわからないほど変色してしまうことが明らかになりました。つまり、味噌づけの期間など判断できる根拠は何もないのです。

　私たちと共に実験を行った弁護団は、この実験の結果を第2次再審請求の新証拠として静岡地裁に提出しています。

　一方、国政の場では70名を超える国会議員が「袴田巖死刑囚救援議員連盟」を発足させました。

　「無実を訴えている袴田巖さんへの43年間に及ぶ身柄の拘束と死刑執行への恐怖に晒され続けている現状に、手を差し伸ばすのは政治の使命である」という国民の感覚が政治に反映されたからです。そして、法務大臣への"死刑執行停止"の申し入れが行われています。

　国際的にもこの事件に対する関心が高まり、巖さんの誕生日である、3月10日には、英国国会議員アリステア・カーマイケルさんとアムネスティ英国支部の方々が、国際基準に基づく公正な再審開始と釈放を求めて、大きなメッセージパネルを日本大使館に届けています。

　最後に裁判官の良心ですが、私たち国民が裁判官を選べない以上、袴田さんの無実を信ずる多くの人たちの声を要請文や署名という形にして裁判官の良心に訴え続けざるを得ません。

　人は誰にでも寿命があり確実に死が訪れます。袴田巖さんは1966年8月18日の逮捕以来、身に覚えのない事件の犯人とされ、自由を奪われまもなく丸44年。そして、確定死刑囚として30年間も死刑執行の恐怖に晒され続けています。

　元裁判官の熊本典道さんは、自身が最初に関わった静岡地裁第2回公判の終了後、他の裁判官にこう語ったと言います。「この裁判は、まるで私

たちが裁かれているような裁判ですね」。そして、無罪を主張する彼の意に反した死刑判決を書くためか、一審の判決公判日が２回も延期されています。

　無罪を確信しつつ「死刑」という裁きを下さざるを得なかった熊本典道さんの苦悩。身に覚えのない罪で「死刑」の裁きを受けた袴田巌さんの恐怖。下した側と受けた側の苦しみはいつまで続くのでしょうか。

街頭署名活動（2009年４月 静岡市内で）

## 4　兎追いしかの山　小鮒釣りしかの川

浜松・袴田巖さんを救う会　代表　**渥美 邦夫**

　第2次世界大戦末期の1945年、私が住む静岡県浜名郡中瀬村（現・浜松市浜北区中瀬）に、袴田巖君が疎開してきた。彼が当時住んでいた雄踏村（浜松市西区雄踏）に空襲の危険があったからだ。巖君や私たちが中瀬国民学校初等科4年生の時だった。戦時下、食料生産を強いられるなか、小学生ともなればサツマイモ作り、麦刈り、さらに養蚕を手伝い、その合間に桑畑や小川の土手で戦争ごっこや陣取りをやった。当時、一緒に遊んだ同級生の一人は、「巖はおとなしくてあんなことをやる奴ではない。俺は表立って出来ないが、頼むでのう」といって、20年前に亡くなった。

　そんなおとなしい彼もいつの頃からかボクシングを始め、1957年の静岡国体では県の代表として出場、バンタム級3位の成績を収めている。その後、1960年頃、遠州鉄道西鹿島線芝本駅の近くで自らボクシングジムを開いている。当時ボクシングの指導を受けた人達も今は皆60代後半から70代になる。道で会うと「巖さんはどんな具合だ。裁判はどうなっている」と気にかけてくれる。この中瀬地区で集会をやると、そのうち何人かは必ず参加しているが、齢を重ね外に出辛くなっている人も増えてきた。

　最近は、浜松救う会に若い人たちも増えてきた。私たちの課題は世論を盛り上げることと、「新たな証拠」を探し出すことである。前者は街頭署名や集会の開催などで実現してきたが、後者に関しては課題が多い。

　「5点の衣類」がタンクに残っていた味噌に埋められ、その上に新しく味噌原料を仕込んだ、という裁判所の判断が事実ではないことを証明したい。常識的に考えると、味噌を搬出中のタンク内部に、空気中や作業者の汗などに含まれていた雑菌が付着し繁殖してしまう可能性があるので、新たに原料を仕込む前には、熱湯などを使ってタンク内面を清浄しているはずだ。そうしなければ、仕込んだ味噌が腐ってしまう可能性があるからだ。

　いずれにせよ、一刻も早く再審を行わせ、無罪を勝ち取り、彼にふるさとの野山を思いっきり走らせてやりたい。

## 5 私たちにとっての「袴田事件」

袴田巖さんの再審を求める会　共同代表　石井 信二郎

　「袴田事件」のような冤罪が確実とされる事件を見聞きした時、良識ある人間はそのほとんどが"重たい問題"だと感想をもらす。だが、あえて挑発的に言えば、多くの人にとってそれは単なる感傷に過ぎない。袴田巖さんや家族にとって、あまりに過酷で重すぎる荷を背負わされた人生を過ごしてきた事は厳然たる事実である。だからといって全ての人にとって"重たい問題"にはならない。巖さんが背負わされた荷を他者が代わってやることはできない。その過酷な荷から何を見出すことができるのか、それぞれが生きる現場に引き付けて考えられたとき、初めて問題の真相が見えてくる。

　この社会には不条理なことは山ほどあり、人々はそれぞれに苦労しながら生きている。原因は様々に存在する。単純化した例で言えば、公道にゴミが散乱していたとしよう。片付けて道をきれいにすることが自分たちの生活を安全・快適なものにするための重要な要素だと考えない人にとっては、ゴミが散乱している事実はそれ以上でも以下でもない。ましてや自ら対処しようとはしないであろう。同様に、巖さんやその家族が背負い続ける重い荷物を直接・間接は問わず、たとえ指一本でも添えて共に背負おうという想像力を働かせない限り、それは単なる感傷としての重さに過ぎない。

　そしてこの重い荷物は公権力に因ってもたらされたものであって、決して私人同士のトラブルに因ってもたらされたものではないということだ。公権力の誤りを正すことはすべての人の課題である。それゆえ私は「袴田巖さんの再審を求める会」において、袴田さんを救援するだの、救出するだのとの感傷的な言葉の使用はできるだけ避けたいと考えている。あくまでも公権力が犯した過ちを再審によって合法的に認めさせ、巖さんの名誉を回復させたいのだ。

　あえて断定的に言おう。私は確信している。冤罪「袴田事件」に関わっ

たすべての裁判官たちの誰一人として、巖さんを真犯人だと考えた人はいないだろうことを。それほど日本の裁判官たちは無能ではない。ただそれを公言し死刑判決を覆すだけの勇気に欠けているのだ。組織の論理を前に身動きが取れなくなっている彼らでさえ、最高裁事務総局や検察の圧力に屈せず立ち上がれるだけの事実（証拠）を示してあげようではないか。

会報「さいしん」などに使用されている再審よびかけのメッセージ

第1部　袴田巖を支援する人々の声、叫び、そして願い

# 6 再審の流れを袴田事件へ

日本国民救援会静岡県本部 **佐野 邦司**

「元ボクサーが4人も殺して家に放火した。でも、おかしなことがいっぱいある」「この事件は冤罪かもしれない」——こんな声が私たちの中で起こってきました。もう、20数年も前になります。

早速、事件現場近くの集会場に弁護士に来てもらい学習会を行いました。そこで聞いた話の数々にはびっくりさせられました。

例えば、1日10時間以上、ひどい時にはトイレも取調室でさせ、袴田さんの体力の限界まで続けられた拷問同様の取調べ。袴田さんが毎日食事のために通り慣れている裏木戸を、「上下2カ所ある留め金を上の留め金だけを掛けたまま通った」とする自白。警察が「自ら留め金を掛けたまま通れた」として提出した写真には、肝心の上の留め金は写っておらず、弁護団が専門家に鑑定を依頼して得た結論は、上の留め金がはずされたまま撮影された写真であることが明らかとなったこと、等々。

その後、この事件と関わりの中で、盗まれた財布やお金が事件の起きた場所以外から見つかったことなど、私たちがこの事件を学習すればするほど、冤罪事件であると確信することができました。

特に問題なのは、事件発生から1年2ヶ月後に味噌醸造タンクから発見された5点の衣類を、これこそが犯行着衣だと、裁判の途中であっさりと変更していることです。こんなでたらめなことが許されるなら、事件とは全く関係のない人も犯人にされてしまいます。

これまで私たちは、他の支援団体とパンフレットを共同で作成し、全国にこの事件の支援を訴えたり、巌さんの姉・袴田ひで子さんと共に法務省や東京拘置所に獄中処遇の改善を求める要請や交渉をしたりしてきました。

静岡県では過去、多くのえん罪事件が起きています。二俣、幸浦、小島、丸正、島田、そしてこの袴田事件です（二俣、幸浦、小島、島田事件は上級審や再審で無罪が確定）。

DNA鑑定の誤りが明らかとなり17年半ぶりに無実が証明された足利

事件の菅家利和さん、さらに茨城県で起きた布川事件の再審開始。これらの再審の流れを、三重県の名張毒ぶどう酒事件や袴田事件につなげたいと思います。

第2次再審請求申立（2008年4月25日、静岡地裁前）

## 7 「主なる我らの神よ、あなたもご承知の通り、袴田巌は無実です。どうか一日も早く歴史の審判を下してください。真理に基づく再審開始決定をお導き下さい」

無実の死刑囚・元プロボクサー袴田巌さんを救う会　副代表　**門間 幸枝**

　私たち人間はすべて生まれたその日から、確実に死に近づいている。事故か、病気か、老衰か……この死について、袴田巌さんは次のように書いている。

　「この世の極悪人とは……恐らく生きていても死んでいる状態の人間であろう。……要するに、人のためには決して動かない人間を指すのだ。つまり人のために働くことのない人間の心は正しく死んでいるのである。自分が存在する故に、この世が清くなる、少しでも楽しくなる、これが大いなることであろう。人のために生き抜いた人間の死は、すべての人々が心から悼むのである。これが本当の意味で正しい人間の死なのではなかろうか」（1981年7月19日）

　ある日、私は親友から「今の幸枝は死んでいる」と言われた。やがてその言葉を実感させられる日々が続き、このままいけば、見せかけだけの人生で終わると気づき、全財産を投げ打ちピース・ボートに家族で乗船、過去の戦争を現地で見つめ直し、未来の平和をつくる人（家族）のスタートラインに立った。この船から降りて最初に出会った冤罪死刑囚が袴田巌さんだった。

　最高裁で死刑が確定した1980年11月19日から支援に動いていた「無実の死刑囚・元プロボクサー袴田巌さんを救う会」の話を聞いて、私は心臓が止まるかと思った。私は無実の人を死刑にする国に住んでいるのだ。何とも言えない恐怖に襲われ、身も心も凍りつくようだった。ただその中で、一条の光が見えた。袴田巌さんはカトリックの洗礼を受けていた。その日の感動が日記にあった。

　「12月24日　今日はクリスマスイブ待望の吉日である。……私はやがて招かれて十字架の正面に進み出る。そして、厳粛に洗礼を授かる。殊に、

額に十字の印を刻むように受けた時には、私の全身の周囲が明るくなり和らかな光さえ感じたのであります。洗礼の妙、幸福の永生、始めて燃えあがる真の生命、輝く草花を感激に満ちて凝視したのである。この時こそ正に私にとって新鮮な歴史が開花する瞬間であった。いや、歴史だけではない。キリストの福音にあって勝利と誉れを歌いあげる天上の予感であった。予感だけでもない。精彩を放ってあたかも勝利を組み立てる芸術者たる、神を拝む心地よい感動の極致であった。そうだ、あの瞬間は、あらゆる高義なものが結実された私にとって、唯一最大の栄光の絶頂であったのだ。アーメン。霊名パウロ」(1984年)

袴田巌さんが毎日書き続けた5000ページに及ぶ日記、書簡、ハガキを編集した『主よ、いつまでですか——無実の死刑囚・袴田巌獄中書簡』(新教出版社)には、この日を迎えるまでの純粋でひたむきな求道生活が記されている。そして、遂に「神は私の無実を御存知です。神の限りない愛で私は勝利します」(6月23日)と宣言している。

支援者に対しては、「『私は無実だ！』この叫びを聞いて欲しい。そして信じて欲しい。別のことばで言えば、受け容れて欲しいのです。御支援とは、個人的理解とか納得ではありません。袴田事件はえん罪だ、その救う会の活動にはこういう意味があるのだ、と頭の中で理解しても、それは救いにはなりません。頭脳で受け容れるのではなく、良心で受け容れて欲しい。えん罪者救済の働きに心を開き、参加されるならば、必ず、真の愛に満たされるときがきます」(1982年6月1日)。

「私は今……いかなる不当にも屈することなく、神の恩恵を浴びながら、ともかく弱者の社会的正義のために闘っているのです。世界の同志諸氏よ、私共は相互理解と正義の自立のために、本件の真実勝利の闘争を通して、社会正義を守るために、互助を国際的レベルで実行することで、日本の司法犯罪はもとより、世界の権力犯罪を一掃してゆきましょう。そして、世界の弱者が人間らしく生きられる豊かな道を切り開きましょう……」(1986年8月30日)

獄中44年を余儀なくされている袴田巌さんは、今年74歳。もはや残された時間は多くはない。袴田巌さんを救う会は今、「袴田事件21周年

の集い」に寄せられた巌さんのメッセージを胸に、一刻も早い再審無罪の実現を目指して「10万人署名キャンペーン」を展開している。
　「皆さんの集まりは、私を闇から光へ導く力を持っている。日弁連の補充書、十万人を説得し署名を集める。日常的な創造的実践運動、これらは再審の早期開始と、私を無罪釈放に導く力です。私はこれらの力の高まりを日夜祈っておりそして感謝しております」(1987年6月28日)

袴田巌さんの再審開始を求める請願書と熊本典道元裁判官の陳情書を添えた上申書を提出するため、最高裁に向かう(2007年6月25日)

# 8 「FREE HAKAMADA IWAO」
## ──アムネスティ・インターナショナルの取り組み

社団法人アムネスティ・インターナショナル日本　死刑廃止担当　**天野　理**

「袴田さんを裁いた第一審の不公正さと、彼の精神障がいについての懸念が増していることを考慮すれば、日本の政府当局は一刻も早く再審の道を開くか、彼を直ちに釈放しなければならない」──ケイト・アレン（アムネスティ英国支部・事務局長）

アムネスティ・インターナショナルは、世界80カ国に支部を持つ国際的な人権擁護団体です。アムネスティでは、死刑は生きる権利の侵害であると考え、あらゆる死刑に例外なく反対しています。そして、袴田巌さんのケースについて、日本の刑事司法そして死刑制度の問題を象徴する重要な事件と捉え、袴田さんの再審と釈放を求めるキャンペーンを国際的に展開しています。

ここ数年、袴田さんについて、国際基準に沿った公正な再審と死刑執行の停止などを求める手紙書きキャンペーンを行っています。このキャンペーンには、英国、ドイツ、スペイン、ベルギー、カナダなどの国ぐにのアムネスティ支部が参加しています。

また、2009年9月には、日本の死刑制度に関する報告書「首に掛けられたロープ：日本における精神医療と死刑」を発表しました。この報告書では、日本の死刑囚が置かれている非人間的な状況と精神障がいの問題を特集しましたが、袴田ひで子さんや弁護団、支援団体の方々の協力を得て、袴田巌さんのケースについても取り上げました。報告書は、BBCをはじめ欧米の主要メディアで取り上げられ、反響を呼びました。

### アムネスティ英国での取り組み

こうした活動の中で、特にアムネスティ英国は、同国の「死刑廃止のための超党派議員連盟」の会長を務めるアリステア・カーマイケル下院議員と共に、積極的な活動を展開しています。2009年3月には、カーマイケ

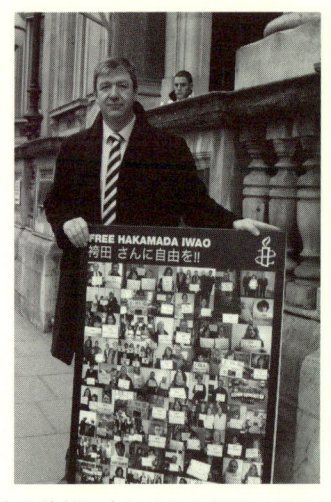

日本大使館に申し入れを行う、アリステア・カーマイケル英国下院議員。手に持っているのは、アムネスティ英国支部が制作した、袴田さんの釈放を求めるフォトメッセージのボード ©AI

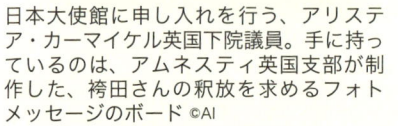

日本大使館に申し入れを行う、アムネスティ英国支部のメンバー。手に持っているのは、袴田さんの誕生日を祝うバースデーボード ©AI

ル議員が来日し、日本の死刑廃止について国会議員と懇談、袴田巌さんの支援団体とも面談しました。

　さらに、アムネスティ英国とカーマイケル議員は、ここ２年続けて、袴田さんの誕生日である３月10日に、ロンドンにある日本大使館に袴田さんの再審と釈放を求める申し入れを行っています。今年は、「袴田さんに自由を!!」と書かれたメッセージカードを持って写真を撮ってもらい、それを集めて大きな写真ボードを作り、日本大使館に届ける、というキャンペーンを展開しました。英国各地から多くの写真が集まり、３月10日にカーマイケル議員とアムネスティのメンバーが日本大使館にそれを届け、袴田さんの再審と釈放を要請しました。

　カーマイケル議員は、今回の大使館への要請にあたって、次のように語っています。

　「袴田巌さんが、人類が初めて月面着陸した頃からずっと死刑囚として拘禁され続けていることを思うと、私は言うべき言葉を失う。それは、袴田さん個人にとっての悲劇であるとともに、日本の良心に深く刻まれた傷

です。(中略) ロンドンの日本大使館に行ったからといって、袴田巌さんを一夜にして死刑囚監房から出すことはできないと思います。しかしそれは、彼に公平な再審を保障すること、もしくは釈放を確保するための一歩なのです」

**海を渡った連帯のメッセージ**

　今回のフォトアクションでは、英国の市民から集まった写真をもとに、アムネスティ日本のメンバーたちによって、袴田さんの誕生日を祝う巨大なバースデーメッセージが作られました。3月10日の誕生日の面会の際に、ひで子さんが袴田さんに直接見てもらうはずだったのですが、このメッセージの面会室への持ち込みを拘置所が許可しなかったため、この時は見せることができませんでした。

　しかし、弁護団の尽力もあり、6月9日に行われたひで子さんと弁護団による面会の際に、面会室に持ちこむことができ、袴田さんにこのメッセージを見せることができました。袴田さんは模造紙いっぱいに貼られた、英国からのメッセージと写真を見て、喜んでいたそうです。

　今後もアムネスティは、袴田さんの自由を、そして死刑制度の廃止を求めて活動を続けていきます。

東京拘置所の前で、英国の市民から集まった写真で作られたバースデーメッセージを持って立つ、袴田ひで子さん ©EMIKO HISAMATSU

## 9　映画『BOX　袴田事件　命とは』

絵と文　橋本 勝

　冤罪により死刑とされた事件を題材にした映画は決して多くはないが、事の深刻さから力作、問題作が結構ある。たとえばサッコ・バンゼッティ事件の『死刑台のメロディ』、八海事件の『真昼の暗黒』、その他にも『帝銀事件 死刑囚』『ザ・ハリケーン』『私は死にたくない』等々。

　高橋伴明監督の『BOX　袴田事件　命とは』も、冤罪、死刑ものの秀作である。昭和41年静岡県清水市で味噌会社の専務一家4人が惨殺された「袴田事件」について、犯人とされた袴田巌さんと、この事件の裁判官熊本典道氏の2人の人生を描いていく。特に冤罪ではないかと思いながら死刑の判決文を書かざるをえなかった熊本氏の苦悩を通して、裁くことの意味、責任を徹底的に描いていることに、この映画のユニークさがある。

　私も熊本氏が涙ながらに袴田さんの無実を訴えているのを、数年前テレビで見て大変驚いた。そして氏の誠実さに畏敬の念を覚えると同時に、死刑囚となった袴田さんが無実を訴え40数年も獄中で苦しみ続けていることを思うと、「なぜ？　今さら」という疑問を抱かざるをえなかった。

　その疑問に、この映画は激しくも鋭く挑戦している。常識的に考えれば明らかに無実といえる袴田さんへの死刑判決。そこに、警察・検察による自白の強要、拷問まがいの取調べ、そして証拠の捏造という犯罪にさえいたる、日本の司法が抱える重い病理が見える。

　冤罪の構造を鋭く鮮やかに描き出した本作は、人間ドラマとしても強く胸をうつ。死刑の恐怖に心身を根底から脅かされる袴田さんの姿を通して、死刑制度のもつ非人間性、残酷さを痛感させる。熊本さんの自ら死を選びかねないほどに悩み苦しむ姿は、この裁判の異常さを浮かび上がらせる。それは見るものの激しい怒りを喚起し、裁くものは裁かれるものであるという訴えが胸にストンと落ちてくる。同時に、国民一人ひとりが裁くものにならねばならない裁判員制度への重い問いかけともなる。映画の最後に示される「〇」と「×」は、命に対する「〇」と「×」でもあるのだ。

第1部　袴田巖を支援する人々の声、叫び、そして願い

## 10　ともに再審開始の日まで

石川　一雄

　私の狭山事件を含め、袴田さんも三者協議が実現した由から、やがて再審開始決定が出されるものと確信しつつ、今日は東京拘置所に於いての巌さんとの思い出を振り返りながらペンを走らせているところです。
　彼は元ボクサーということから、運動場に出れば、常にそのような仕草をしたり、時には「相手になってくれないか」等と声をかけられたこともありました。しかし、彼の拳を見れば誰一人として相手になる人はいませんでした。そんな関係で彼は運動場に出ると周辺のコンクリートの壁を相手にゴツンゴツンと叩いていたのです。鍛え抜かれた彼の拳に驚嘆もし、だからこそ、鍛錬されたもの同士でも試合でノックアウトされるんだということを思い知らされたものでした。いいようのない怒りが彼の拳から発せられていたのだと思います。
　何れにせよ、皆さんもご承知の通り、狭山事件も裁判長の英断に因って証拠開示勧告が出された結果、検察側も渋々ながら36点の証拠を出してきました。これまで、検察庁に対し、47年の長期間に渡って隠し持つ証拠を速やかに開示するように求めて参りましたが、「無い」とか再審裁判のため「開示義務はない」の態度に、無念や怒りの抑えようのない激情に駆られました。事実調べが始まれば今までに関わってきた各裁判官の徹底追及はもとより、多くの冤罪者と固く手を結び、連携を密にして、密室的審理を弾劾し、取調べの可視化法案等を早期に成立してこそ公平公正な裁判が行われる筈との思いを強く持っています。
　獄中では、想像しがたい困難や幾多の苦難にしばしば自己を追い詰めたこともありました。でも「真実は必ず勝つ」の信念のもとで生き抜いてきたことによって、此の度、証拠開示が日の目を見るに至ったのです。しかし、まだ再審が開始された訳ではなく、次に開かれる4度目の三者協議こそが最大の山場であり、今情勢は風雲急を告げておりますので、全国の支援者各位に警鐘を打ち鳴らすと共に、私自身も厳しく司法を追及して参る

決意のもとで、すでにその第一歩を踏み出しています。

　袴田さんも一日も早く再審開始が実現するように、そしてお体を大切にされますよう祈念申し上げ、ともに再審開始の日まで闘いましょう。

---

**狭山事件と袴田事件**

　狭山事件は1963年5月1日に起きた女子高校生殺害事件で、当時24歳だった石川一雄さんが逮捕された冤罪事件。1964年3月に死刑判決が出され、石川さんは東京拘置所に移監された。死刑囚として東京拘置所に収監されているときに袴田巖さんと一緒だった。1974年、二審・東京高裁は無期懲役判決。1977年に最高裁の上告棄却により確定した。石川さんは千葉刑務所に下獄。1994年12月、31年7ヶ月の獄中生活を経て再審請求中に仮出獄した。2006年5月に東京高裁に第3次再審請求。

---

石川一雄さん（前列左から2人目）と袴田ひで子さん（前列右）。中央は庭山英雄弁護士

## 11　菅家利和さんが語る警察の取調べ

足利事件冤罪被害者　**菅家 利和**

1991年12月1日の朝7時頃、玄関でドンドンという音がしました。「警察だ。菅家いるか」と言われて、「何だろうな」と思いドアを開けますと、いきなり刑事たちが入ってきました。ドカドカドカと上がり込んできて、自分は押されるようにして、奥の方へ行きました。刑事が「そこへすわれ」と言いまして、座りました。

そうしましたら、一人の刑事が、「おまえ子どもを殺したな」というので、「えっ？」と思いました。びっくりしました。「やってません」と言いましたら、いきなり、ひじ鉄砲でドーンと後ろへ突かれて、後ろへひっくり返りました。それで、後ろのガラスにぶつかりそうになりました。もう少し後ろだったら、頭をぶつけて大けがをしたところです。

もう一人の刑事がMちゃんの写真をポケットから出して、私に見せました。その刑事が「謝れ」と私に言うんです。私は謝りませんでしたが、Mちゃんの冥福を祈って手をあわせました。そうしたら、「今から警察に行くからな」と言われました。

連れていかれる前に、「私は今日、保育園の先生の結婚式によばれているんです」と話しましたら、「そんなのはどうでもいい」と私の都合は一切無視され、そのまま車で警察に連れていかれました。

「静岡地裁は一日も早く袴田巖さんの再審を」と清水集会で発言する菅家利和さん

あれは「任意（同行）」でなく「強制」です。まったくひどいです。

警察に着いたら、2階にあがって30分間位待たされました。一人の刑事が入ってきて、「今から取調べをやるからな」と言われて、取調べが始まりました。「おまえは子どもを殺したよな」とまた言うんです。私は「やってません」と言いました。「いやおまえだ。おまえが絶対にやったんだ」と言われ続けました。

本当に何がなんだかわからなくなって、本当にぼーっとしてしまいました。それから何度も何度も同じようなことを、ずっと夜遅くまでくりかえされました。

「証拠があるんだ」と言われた時、私は事件なんてまったく関係ないので首をかしげました。何でこんなことになるんだとずっと思っていました。それで、夜10時頃、私はどうでもいいやと思って、もう信じてもらえないのなら、かまわないと、それで、「やりました」と話してしまいました。私はくやしくて泣きました。それを刑事は"反省した"と、とったようですが、私はそうではなくて、悔しくて泣いておりました。

取調べでは、警察官が「おまえがやったんだ」とか言って、頭の毛をひっぱられたり、蹴飛ばされたりしました。本当にひどいところです。警察官がものすごく怖いと思いました。

私はやってないですから、気持ちをふりしぼって、1日ずっと、言い続けたんですが、認めてくれません。怖い顔をしているんですよ。

本当に怖かったですよ。そういうことは、冤罪事件にかかわった人でないとわからないと思います。袴田さんも同じだと思いますね。

1日目の夜は、「やった」と言った以上、どうやって説明しようかと考えていました。一晩中考えて、当時、私は自転車を使っていましたので、パチンコ屋さんから交換所まで行って、Mちゃんに「乗るかい」と話して、自転車の後ろへ乗せたことにして、土手のほうまでいって、土手から下って、野球場のほうへ向かって行ったということにしたんです。何も言わなければ、どんどん追い込まれて……私としては本当に刑事たちが怖かったんです。

何回も聞かれるんです。それから身体を揺すぶられるんです。何回もで

すよ。やりましたと言うまで、何回も何回も身体をゆすぶられて、「おまえだよ、おまえだよ」と言うんです。

　そのときは、死刑とか、そういう頭はまったくなかったです。やっぱり、事件とまったく関係ありませんので、死刑とかそういうことは全然、頭にありませんでした。

　裁判で最終的に「やってない」ということを言おうと思ったきっかけは、西巻糸子さんという支援者の方が手紙を私にくれまして、そして面会に来てくれまして、それで、「私はやってません」ということを話しました。やっていないのに取調べを受けたり、拘置所に入れられたりすることは本当につらいです。

　袴田さんも同じ冤罪だと思います。再審で無罪になるまで応援したいと思います。

　　　　　　　　（2010年1月の清水集会での発言のまとめ）

## 12　何を言っても通用しない取調べの中で

富山連続婦女暴行冤罪事件被害者　柳原 浩

　私はいわゆる"富山連続婦女暴行冤罪事件"の被害を受けました。

　2002年4月8日、いきなり職場に警察官が来て、「来い！」と任意という名の強制連行で氷見警察所に連れていかれ、訳の判らない取調べが始まりました。取調べの警察官に理由を尋ねると、「お前のやった日の事がわかんないのか馬鹿ヤロー！」と怒鳴られ、午前9時過ぎから夜11時まで取調べは続きました。その日は帰宅しましたが、結果的には後日逮捕されたわけです。

　勾留尋問で裁判官に「私はやっていません」と言ったところ、裁判官は「調書上ではあなたは認めていますが、本当にやっていないのなら、これ以上あなたがやったという主張はしないように」と言われました。そして、氷見警察署に戻ると、取調室で（いきなり机をバンと叩かれて）、「なんてことを言うんだ馬鹿もん！」「今から俺の言うことを書け」と、上申書を書かされ、その後は "はい" か "うん" しか答えるな」ということになりました。私はそれ以上何も言うことができず、取調官の言われるままに「はい」と言って、調書がその通りに作られていったのです。

　被害者宅の見取り図などは、私に「肩の力を抜け」と言って、警察官の手が私の右手に乗り警察官の手で描いたり、あらかじめ鉛筆で描いてある見取り図をボールペンでなぞって描かされたりでした。

　袴田さんの場合も同じような状況、いや、きっとそれ以上の取調べだったと思います。

　私は有罪判決を受け、やりもしない犯行の弁償金を被害者に払い、刑務

袴田巖さんの再審開始を求める清水集会で発言する柳原浩さん

所で服役しました。結果的に真犯人が現れたため、私の冤罪が晴らされたわけです。

その後、富山県警と富山地検が"誤認逮捕を謝罪"とありますが、警察官が「悪かったな」と頭をちょっと下げ、そして「うちも非があるけれども、しゃべって認めたお前にも非があるぞ」と言われました。

未だに怒りが収まりませんが、袴田さんはそんな怒りが"40年以上も"と思うと、本当に気が遠くなります。ほんのちょっとでも、袴田さんに何かできないかと考えています。

　（談　まとめ：袴田巌さんを救援する清水・静岡市民の会　山崎俊樹）

# 13　「袴田巖死刑囚救援議員連盟」の設立

新党大地代表、衆議院外務委員長　**鈴木 宗男**

　2002年6月19日、私は東京地検特捜部により逮捕されました。当時、ムネオハウスや北方領土支援疑惑、アフリカODA疑惑など、嵐のようなムネオバッシングが連日連夜報道されておりました。

　しかし、それら報道された中で、私が今裁判をしているものはありません。私が今裁判で事実関係を争っているのは、「あっせん収賄」「受託収賄」「議員証言法違反」「政治資金規正法違反」の4件です。私は事件になった会社から不正な献金、賄賂を受け取ったこともなければ、不正な口利きをしたこともありません。国会の場でウソを言ったこともなければ、政治資金収支報告書に虚偽の記載をするよう、秘書に指示したこともありません。

　ではなぜ逮捕されたのか。私と共に逮捕された、元外務省主任分析官・佐藤優さんの著書『国家の罠』（新潮文庫）を契機に、「国策捜査」という言葉が国民の皆さんの間にも広く知れ渡りました。佐藤優さんは、鈴木宗男の逮捕は権力闘争の中での国家権力による国策捜査であったと述べています。詳細は佐藤優さんの著書に譲りますが、私自身、身に覚えのない容疑で逮捕、437日間勾留され、検事による取調べ、検察による捜査がどのようなものか身をもって体験して参りました。

　事件の当事者になるまでは、検察は常に正義で、裁判官は常に公平中立で正しい判決をくだすというイメージを持っていました。冷静に考えれば検事も裁判官も人間ですから絶対ということはないのです。

　今年4月22日に「袴田巖死刑囚救援議員連盟」を、超党派の心ある議員有志の先生方と共に設立いたしました。

　我々は国会議員の立場にありながら、今なお袴田さんを救うことが出来ない非力さを痛感するとともに、このような不条理が現実に存在することに強い憤りを感じております。また、40年以上も塀の中に閉じ込められている袴田さんに目を向けてこなかったことを本当に申し訳なく思ってお

ります。国家権力が、社会がこのような過ちを二度と起こさぬよう、我々国会議員はもちろん、国民一人ひとりが意識改革をしなければなりません。

最後に、袴田さんを必ず救い出す誓いをこめて、この議員連盟の趣意書より以下引用いたします。

　もとより司法の判断は尊重されねばならず、国会議員といえども司法に不当な圧力を加えることは許されない。しかし、時に司法が過ちを犯すことは歴史の証明するところであり、司法が自らの過ちを正すことができないのであれば、その過ちの犠牲者に救いの手を差し伸べることを、弱者の代弁者たる我々は躊躇すべきでない。

　そして何より、司法の判断がどのようなものであれ、逮捕からの拘束期間が43年という長期に及んでいる事実を重く受け止め、守られるべき人格すら奪われた袴田死刑囚をこのまま獄につなぎ、いたずらに死への道を歩ませることは人道的見地からも許されないであろう。

　よって我々は国会議員の立場から、袴田死刑囚の処遇改善に努めるとともに、早期釈放に必要な具体的行動を結束して実施するために本議員連盟を設立することにした。

　多くの議員のご賛同とご入会を切に願う次第である。

議連設立総会で。左からひで子さん、牧野聖修会長、鈴木宗男事務局長（2010年4月22日）

## 14　冤罪を根絶せよ

元参議院議員　村上 正邦

　事実無根の受託収賄容疑で懲役2年2月の実刑判決を受けた私は、2年前の平成20年5月15日、友人たちに別れを告げて、東京高等検察庁に向かい、その日のうちに東京拘置所に収監されました。

　私は20有余年に亘って、国会議員として「政界浄化」を高く掲げて政治活動を行ってきました。地裁・高裁での裁判で終始一貫、誠実に無罪を訴え続けましたが、残念ながら裁判所は相手側の検面調書だけを重視し、私の訴えにまったく耳を傾けることなく実刑判決を下し、最高裁では1回の審理も行わず、上告棄却の判断を下したのです。

　私は収監直後のほぼ1ヶ月間、東京拘置所にいましたが、最初に面会にきて下さったのが、袴田巌さんの姉ひで子さんと救援会の山崎俊樹さんでした。死刑執行に怯えながら、30年もの長い年月を東京拘置所で過ごしておられた袴田さんの苦しみを、この時、私は収監されて始めて身に沁みて知ったのです。

　咎なき罪で実刑判決を受けた私にとって、袴田さんの事件は他人事ではありません。私は仮釈放で社会に復帰するまでの1年半あまり、栃木県の喜連川社会復帰促進センターで過ごしましたが、差入れられた山本徹美著『袴田事件』など袴田事件に関する書籍を読み、袴田さんの無罪を確信しました。刑務所の独房にいた私の念頭を去らなかったのは、袴田さんのような冤罪を決して出してはならない、無実の罪で刑に服している方々をどうしても救い出さなければならない、と心に固く誓いました。

　刑訴法第1条には「公共の福祉の維持と個人の基本的人権の保障を全うしつつ、事案の真相を明らかにし」と謳っています。しかし、現実は全く違います。警察・検察は自ら描いたストーリーに合わせた調書を作るため、密室の中で言葉に言い尽くせぬ拷問ともいうべき厳しい取調べを行うのです。

　袴田さんは逮捕された翌日から起訴までの22日間、ほぼ連日12時間

を超える、まさしく拷問のような取調べを受け、時には16時間を超えることもあったようです。人事不省に陥る寸前に、無理やり調書に捺印させる取調べなど言語道断です。

　自白しない限り、保釈を認めない所謂「人質司法」は司法を劣化させています。警察・検察にとって、自白に追い込みさえすれば人権など関係なし、刑事訴訟法の規定など無きに等しい存在なのです。

　私も連日厳しい取調べを受けて疲労困憊し、体調を崩して気力も失せ、ふと、「ここで死んでもいい」と思ったこともありました。しかし、でっち上げを認めるわけにはいかない。私を信じて下さる方々のためにも、ここで挫けてはならない、と自らに言い聞かせ、最後まで身の潔白を主張し続けました。

　社会復帰してから、改めて袴田事件の真相を綴った書物を読み、関係者の方々のお話も伺い、この事件は完全なでっち上げだと確信すると共に、一日も早く袴田さんを救出しなければならないとの決意を新たにしました。

　私は保釈中から、弁護士・新聞の司法記者など有志の方々と語らって、「日本の司法を考える会」を立ち上げ、これまで20数回にわたって会合を開き、国策捜査や冤罪事件で無実の罪に陥れられた方々をお招きしました。この中で、検察の過酷な取調べ、裁判の在り方などを巡り真剣に議論を重ねました。時には、取調べの全面可視化などを訴え、国会請願デモを行いました。

　我が国は法治国家です。国民が最後の拠りどころにするのが司法なのです。しかし、いま我が国の司法は危機に瀕しています。冤罪事件が多発し、国民の司法への信頼は地に墜ちています。我が国では刑事事件で起訴さた場合、99パーセントが有罪になります。つまり、裁判所は公判廷での証言を殆ど無視し、判決はほぼ検察の論告通りというケースが多いのです。公判より検事調書を重視するのが我が国の裁判の実態です。

　司法が信頼を取り戻すためには、まずは取調べの全面可視化を実現することです。私は同じ志をもつ方々と共に「冤罪根絶」のため全力を尽します。

## 15　弟とともに

袴田 ひで子

　巖は6人きょうだいの末っ子で、私は3つ違いの姉になります。歳が近いせいか、幼い時は巖と私は一緒に遊んでいました。

　巖は私と違って内気な子でした。そんな巖がボクシングを始めたのは中学を卒業して働き始めた頃でしょうか。今思えば、もし、巖がボクシングではなく、剣道とか柔道をやっておれば、警察の方の目は巖には向かなかったのではないかと思います。警察の方は剣道や柔道をやっていますが、ボクシングに対してはあまりよい印象を持っていなかったのではないかと思います。今と違って、当時はそんな時代でした。

　巖がこがね味噌に就職した当時は、離婚したこともあって一人息子を実家に預けていたため、毎週土曜日の夕方には息子に会うために帰ってきていました。事件直後もそうでした。その時は事件の話をいくらかしましたが、特別に変わっている様子はありませんでした。その巖が逮捕されたと聞いて本当にびっくりしました。

　弁護士の齊藤先生が清水警察署で巖と会ったあと、「巖君の顔がこんなにむくんじゃって……」という話をした時は本当に心配しました。

　でも、私が巖の不安を心から理解したのは、最高裁で棄却され、巖の死刑が確定した昭和57年頃でしょうか。拘置所に面会に行った時、私の顔を見るや、「昨日、処刑があった」「隣の部屋の人だった」「お元気で、と言っていた。みんながっかりしている」と、面会室のガラスに顔を押しつけてふるえるような声をして私に訴えました。その時、私はなんと言っていいのか分からなくて、「ふーん」と言ったきりでした。それからでしょうか、面会の度に言うことがおかしくなっていきました。

　「この中に電気を出す人がいる」と言われた時は、私もびっくりして「電気風呂もあるぐらいだから、体に良いから……」と返事をしてしまいました。「かゆみの電波」とか、「痛みの電波」とかも言っていました。そして、会話も成り立たないようになり、毎日のように書いて送ってきた

手紙も来なくなり、面会も拒否されるようになりました。
　ここ数年、巖との面会が再び出来るようになりました。でも、お互いの顔をあわすことは出来ても、相変わらず巖との会話はとんちんかんのままです。ボクシング協会の新田さんがボクシングの話をすると巖もそれに応えますので、本当にボクシングが好きだったんだなぁと、改めて思います。でも、ボクシングをやっていたことで警察が巖に目を付けたのではないかという気持ちもあり、本当に複雑な気持ちです。
　巖は満74歳になりました。人は誰にでも寿命があり確実に死が訪れます。あの逮捕さえなければ、今頃、巖は孫に囲まれた良いおじいさんになっているでしょう。そんなことを思えば、本当に心が苦しくなります。
　しかし、一番辛い思いをしているのは、30歳の時逮捕され、すでに44年も閉じ込められ続けている巖のはずです。巖の兄たちはすでに他界してしまい、拘置所まで行くことが出来るのは私だけになってしまいました。
　外国からの励ましの声、映画の完成など多くの方々が巖に関心を持っていただき感謝しています。でも巖は、そのことをどのくらい理解しているでしょうか。毎日のように来ていた巖からの手紙が来なくなって20年近くなります。ちょうど精神の変調を訴えた時期と重なります。せめて、まともな話が出来るようにはならないだろうか、身体に触れることが出来ないだろうか、と思います。
　巖も私も法律のことはよく分かりません。しかしその法律の力によって私たち姉弟の人生がこれほどまでに痛めつけられるとは、つゆほども思いませんでした。法律が、私たち姉弟みたいな立場の弱い者に、これほど強く重くのしかかるとは……、本当に無念です。
　でも、最近は関心を持って頂ける人たちも増え、それが何よりの励みになります。多くの方々が巖や私を支えている、そのことを巖もきっと理解していると思います。

# 16　死刑判決を書いた元裁判官からの手紙と上申書

## 熊本 典道

　以下に掲載するのは、2007年1月19日、「袴田巖さんの再審を求める会」宛に、第一審主任判事の熊本典道・元裁判官から送られて来た手紙である。


　前略
　過日は失礼しました。とりあえず乱筆を…。
　私の身許は別添（履歴書同封）のとおりです。
　赤印の「静岡地裁」の時、袴田君（被告人の時からこう呼んで友人間でも今は…）の事件を第二回の公判から判決言渡まで主任裁判官として担当しました。
　判決の日から今日まで心痛はつづいています。
　一報した理由は推察いただけるでしょう。
　最終の合議の結果、二対一で私の意見は敗れ、その上、判決の作成も命ぜられ、心ならずも信念に反する判決書に一ヶ月を要した次第です。
　その間の様子は、判決書を熟読いただければ判ると思います。
　ところが、予想に反して、東京高裁が「原判決を破棄しなかった。」

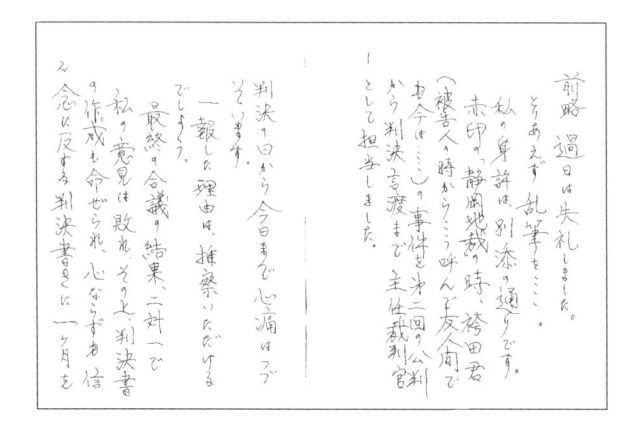

二審での弁護活動がどうであったかは知りませんでしたが、全く意外な結論でした。

　一審で私が有罪に賛成し得なかったのは「合理的な疑いを越える疑い（beyond the reasonable doubt）が残る、証明がなされていない」という理由でした。
　詳しくは後に述べる機会があると思いますが、
①「自白」をとった手段・方法に？
②松本両名がとった自白の信用性？
③物証と袴田君との結びつき？
の三点の「証明度」？です。

　いづれにしても、私には有罪の結論の１／３と、他の二名の先輩を説得しえなかった責任は免れえず、そのまま今日に至ったことは残念でなりません。
　私は69歳、そして彼の姉さんの秀子さんは70をこえ、彼は記憶が正しければ私より１歳上、できれば早く、二人に謝罪をしたい一心です。
　貴兄との機会を得て、少し明かりが見えた様に思いました。

　取り急ぎ文差し上げます。

平成 19 年 1 月 15 日
熊本 典道


　続いて掲載するのは、熊本典道氏の「陳述書」である。この「陳述書」は、「無実の死刑囚・元プロボクサー袴田巖さんを救う会」（代表・門間正輝）が、2007 年 6 月 25 日、最高裁判所第二小法廷に提出した上申書に添えられた。

私熊本典道は、貴裁判所において審理されている平成16年（し）第258号再審請求事件の原審静岡地方裁判所で主任裁判官を務めた者です。公判当初より、私は、袴田巌被告人は無罪であるという心証を持っていましたが、合議の結果、他の裁判官を説得することが出来ず、主任裁判官として死刑判決を書かざるを得ませんでした。しかし、良心の呵責に耐え切れず、翌年裁判官の職を辞しました。控訴審で無罪の判決が出るものと期待しておりましたが、それも叶わず、袴田巌さんがいまだ獄中に囚われていることは、断腸の思いです。原審判決言い渡しの際の、袴田巌さんが手錠を外され被告人席に来たときの顔、判決言い渡しのときにがっくりときた様子は、忘れようにも忘れられません。自分の親や子供の顔を思い出さない日はあっても、この時のことを思い出さない日は一日もありません。
　評議の秘密を守らなければならないことは十分理解しております。それ故、39年間沈黙を守ってまいりましたが、そろそろ体力、精神力に自信がなくなってきました。41年間獄中にある袴田巌さんの再審を実現させるには、最後のチャンスになると思い、非難を覚悟の上、私の無罪心証を公表したものです。

　私は、昭和12年に佐賀県に生まれ、九州大学法学部卒業と同時に司法修習生（15期）に採用され、東京地方裁判所、福島地方・家裁両裁判所白河支部を経て、昭和41年11月、静岡地方・家庭裁判所に転任しました。12月2日に開かれた袴田巌さんの第2回目の公判から担当しましたが、石見裁判長に頼んで、第1回目の最初からやり直してもらいました。検察官が起訴状を読んだ後の袴田さんの最初のひと言がいまでも忘れられません。非常に低い声で、力むでもなく、ただ静かに穏やかに「私はやっておりません」と言いました。法廷が終った後、裁判官控え室で、私は裁判長に「石見さん、我々3人の方が裁かれているような感じですね」と言いました。
　私は、検察が主張するように、1人の人間が刃渡り約12センチのクリ小刀だけで4人を殺害できるだろうか、また母親や子供と一緒に住むアパートを借りる金がほしいからといって、世話になった専務一家を殺害

するだろうかと疑問を持ちました。そして、自白の任意性についても疑問を持ちました。2人の松本司法警察員が袴田さんを間にはさんで、20日近く密室で調べたことがわかりましたので、私は公判で彼等に「あなたは刑事訴訟法によれば黙秘権が保証されてるということをどう思いますか」といきなり聞きました。私が何でこんなことを聞いているか、肝心な警察はわからないようでした。調書は臨場感が全くありませんでした。私は、最初から疑いをかけているな、20日間も無茶苦茶な取り調べをするのは、確たる証拠がないからだろうと思いました。結局1通を除いて調書を採用しませんでした。最後の1通も他の44通と変りはありませんが、有罪判決を書かねばならなくなったため、心ならずも妥協の産物として採用したものです。

　公判のある段階で、私なりにおかしいと思いました。少なくとも、今まで出ている証拠で袴田さんを有罪にするのは無茶だと思ったのです。次の仕事は、何とかして合議で2対1になることです。石見さんは自由がまだ残っている時代に法律家になった一種の自由人でした。しかし私は石見さんを説得できませんでした。何で石見さんと高井さんは「有罪」を支持したのでしょうか。私なりに分析してみますと、私は事件が起きた後、東京から突然静岡に赴任したので、報道被害を受けていません。石見さんも高井さんも非常に真面目な人だから、あれだけの報道に接したら、無罪とは言えなかったのではないかと推察しています。非常に残念だったのは、一審の弁護人がもうちょっと何かやってくれるのではないかと思ったことです。この事件の審理を担当して、まず異常に感じたのは、弁護人3人の弁護活動と、被告人の『完全否認』との間の落差の激しさでした。十分な弁護を受けられなかったことだけでも、「無罪」と出来るケースだったと思います。

　当初は石見さんは無罪心証だったので、私は既に360枚の無罪判決を書いていました。しかし合議の結果有罪死刑となり、取り決めだから判決文を書いてくれと裁判長から言われました。私は360枚の無罪判決を破り捨てて、一から書き直しました。つぎはぎだらけでした。見る人が見たらすぐわかるはずなのに、どうして私のところにどなり込んで来る人がい

なかったのか不思議に思っています。何でその時に職を辞さなかったのかと聞く人もいますが、そんなに簡単な話ではありません。もし私が辞めていたとしても、結論は変わらなかったでしょうし、もっとすんなりといって、死刑が執行されていたかもしれません。当時の東京高裁はそれなりに見識を持った裁判官がいたので、私の無罪心証に気づいてくれると信じて期待していました。

　無罪には２種類あります。真犯人がいる場合と、有罪か無罪かわからない場合です。残念ながら袴田さんは後者ですが、もうちょっと警察や検察がまじめにやってくれていれば、真犯人は出てきたのではないかと思います。刑事裁判は、国家機関である検察官が、これこれこういうわけだから処罰してくれと言ってきた通りの証拠があるかないか、それだけしか判断できません。人間が人間を裁くことはできません。「疑わしい時は罰せず」という原則に立ち戻るしかないのです。私は死刑は反対です。死刑に代る制度はあると考えています。ただ、制度を維持する限りは、全員一致で判決を下すこと、一人でも反対すれば、死刑にすべきではないと考えています。

　裁判官のみなさま、私はこの39年間、有罪判決を書いてしまった責を背負ってきました。その重さに耐えかねて、何度か死を選ぼうとしたこともあります。しかし今は、いまだ再審の実現していない袴田巌さんのため、少しでも私に出来ることがあれば、残された年月をかけて償いたいという思いでおります。原審判決が以上のような事情で書かれたことをご理解いただき、袴田巌さんの再審を開始していただけますよう、切に切にお願い申し上げます。

以上

　福岡県福岡市×××
　熊本 典道

# 第 2 部

## 徹底検証・袴田事件の真実

# 1 冤罪袴田事件

　袴田巖は真犯人ではない。だから、こがね味噌橋本藤作商店専務家族の4人が殺害され、金員が強奪され、被害者の居宅が放火されたこの事件について、彼は何一つ知らないはずだ。袴田事件において証拠とされているもののほとんどすべては、非科学性と不合理性に満ちたでっち上げによるものである。

## 1－1　事件のあらまし
（1）事件発生日時
　1966（昭和41）年6月29日、午後11:00～

（2）天候と気温
　この日の夜半からの気温は、犯行着衣との関連で極めて重要である。4号台風の去った後の熱帯夜で、同日の最高気温は28.8℃であったという。

（3）場所

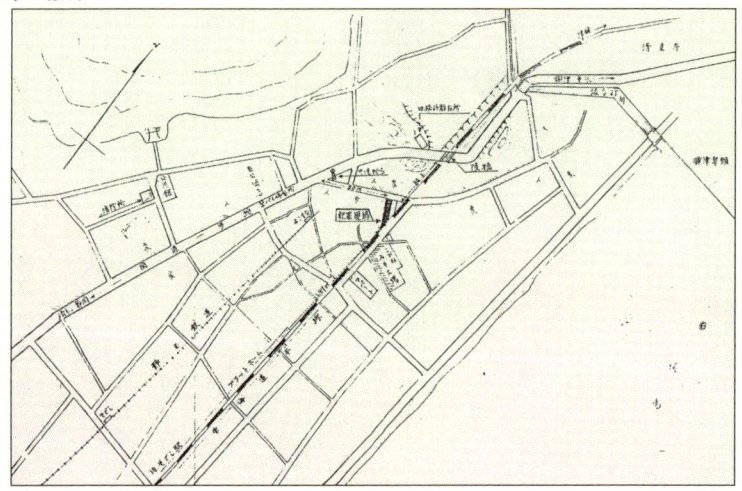

事件当時の現場周辺

犯行家屋を望む

**事件発生から逮捕**

　1966年6月30日未明、静岡県清水市横砂にある味噌製造会社専務の自宅が放火された。全焼した現場の焼跡から、専務（41歳）、妻（38歳）、次女（17歳）、長男（14歳）の計4人の、刃物による多数の傷がある焼けた他殺死体が発見される。一家の中では別棟に寝ていた専務の両親と長女が生き残った。

　焼け跡のガソリン臭から、放火であることは自明だった。工場従業員の犯行という見込みで捜査が進行した。元フェザー級全日本6位のプロボクサーで、この味噌会社に勤務し、現場近くの味噌工場の寮に住んでいた袴田巖（はかまだ・いわお）さん（当時30歳）が、寮から消火活動に飛び出したとのアリバイが証明できなかったこと、事件後左手中指などを負傷していたこと（実際には、消化活動によって負傷したもの）、そして、特に元プロボクサーであったことを理由として警察から追及を受け、事件発生から49日後の8月18日に逮捕された（以下では、袴田巖さんを「袴田」という）。

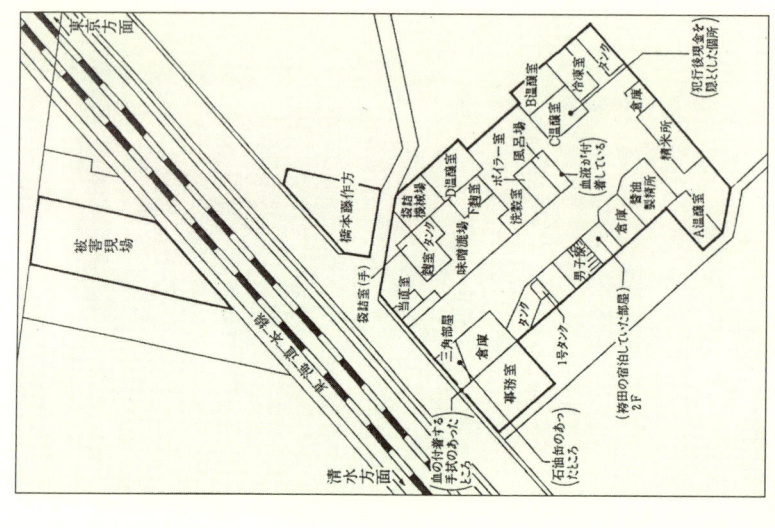

味噌工場とその附近
出典：山本徹美『袴田事件』（悠思社）

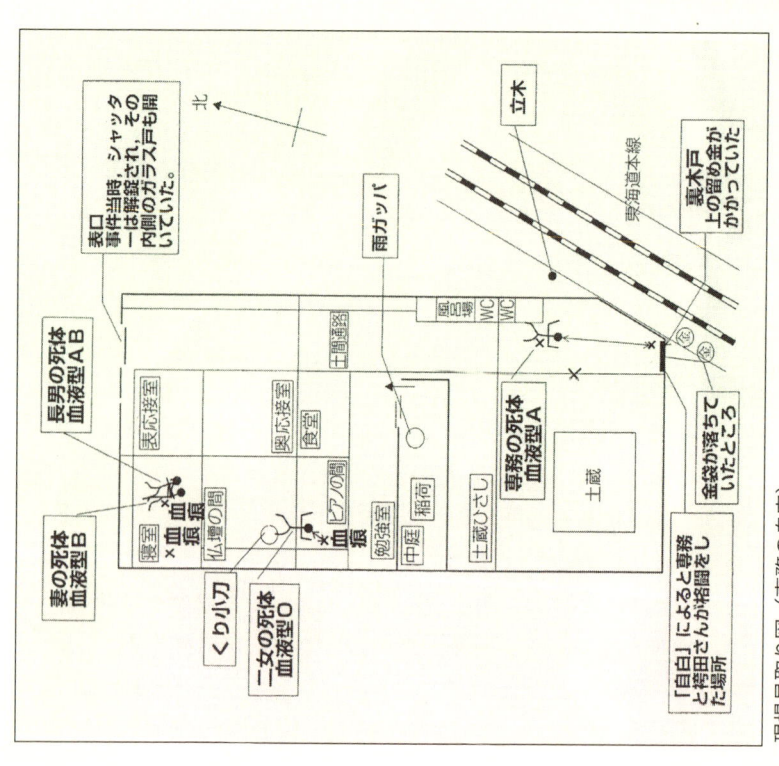

現場見取り図（専務の自宅）
出典：袴田事件弁護団『はけないズボンで死刑判決』（現代人文社）

## 袴田逮捕にいたるまでの経緯

| | |
|---|---|
| 1966（昭和41）年<br>6月29日（水）、<br>30日（木） | ・清水市横砂会社重役宅で一家4人殺害の強盗殺人・放火事件発生<br>・県警特捜本部設置、県警鑑識課が応援。現場検証の開始<br>・「雨カッパ」「集金袋2箇」発見、「雨カッパ」の持ち主を調べる |
| 7月1日（金） | ・現場検証、聞き込み捜査を続行<br>・静岡地検の保倉次席検事も参加 |
| 7月2日（土） | ・「凶器のくり小刀」を発見<br>・被害者宅の電話線は、「断」になっていた（一切、このことは論議の対象外）<br>・袴田、浜北の実家に帰り、給料から1万円を長男の養育費に渡す（警察調べ） |
| 7月3日（日） | ・現場検証終了<br>・現金43万円、貴金属類、有価証券類、預金通帳など、異常に高額の金額が家の各所に所在することを警察が確認。なぜか、このことはオフレコ |
| 7月4日（月） | ・早朝から被疑者未定のまま、工場を家宅捜索。見込み捜査の継続<br>・袴田の寝具の上からパジャマ発見。警察は報道機関各社に、パジャマの「シミ」を「血染め」「血の付いた」等と発表<br>・工場の溝から発見された日本手拭い、および、袴田の作業着をともに押収<br>・袴田を「重要参考人」として取調べ。当夜、11時半（警察発表）ないし翌午前2時まで（袴田の主張）<br>・確証がないので釈放<br>・パジャマと作業着、血と油の鑑定にまわされる |
| 7月5日（火） | ・元従業員28人を洗うために、署員85人を動員 |
| 7月6日（水） | ・袴田の血液型を密かに調査。袴田は非分泌型で血液鑑定不能。しかし、袴田の肩の傷とその部分の作業着に付着していた血痕がB型であるので、捜査本部は袴田を非分泌のB型と判定 |
| 7月7日（木） | ・クリ小刀の出所の捜査開始。特に、クリ小刀の刃先1cmが折れていたため、死体の中に残っている可能性も検討されたが、火葬場の灰の中から発見できず<br>・刃物産地の岐阜県関市に捜査官2名を派遣 |
| 7月8日（金） | 依然、有力情報つかめず。血痕、油の鑑定結果も出ず |
| 7月14日（木） | 被害者の葬儀 |
| 7月18日（月） | ・12日以降、捜査本部を縮小<br>・各紙とも、18日に静岡市で起きた老夫婦惨殺事件を中心に報道<br>・6つの連続凶悪殺人事件のために特捜本部が県内で設けられていることを浮き彫り<br>・朝日新聞「警察力の強化を訴える」の記事 |
| 7月20日（水） | クリ小刀、電解研磨の結果、銘から「安来鋼」「玉菊」と判明。取扱店の範囲で捜査開始 |
| 7月21日（木） | 岐阜のメーカーから、クリ小刀31本のうち12本の売先判明。19本は不明 |
| 7月22日（金） | 容疑者を工場の10人に絞る |
| 7月24日（土） | 毎日新聞スクープ記事「放火は混合油　内部犯行説強まる」を報道<br>鑑識課（7月23日）<br>　イ　ガソリン18対オイル1の混合油<br>　ロ　工場内にあったモーターボート用油、数リットル不足<br>　ハ　死体や着地、毛布、夜具らのガスクロマトグラフによる検査結果<br>　→内部犯行説決定的 |
| 7月26日（月） | 容疑者を袴田ら5人に絞る |
| 8月17日（水） | ・県警鑑識課法医化学研究室の鑑定結果が出る<br>・夜、袴田の逮捕状請求 |
| 8月18日（木） | 袴田を任意同行。午後7時半、袴田逮捕 |

**起訴から死刑確定**

　逮捕から20日目に至った9月6日、犯行を頑強に否認していた袴田が勾留期限3日前に一転自白した。パジャマ姿で窃盗目的により侵入。物色中に発見され、そのような場合を予測して用意していたクリ小刀で4人を突刺して殺害。現金などが入った布袋を奪い、死体にガソリンをかけてマッチで順番に火をつけて焼いたとして、9月9日、起訴された。

　ところが、一審の公判で検察側立証がほぼ終わり、犯行から14ヶ月後の1967年8月31日、工場内の醸造用味噌タンクの中から、被害者3人の血液型と一致する多量の血痕が付着した「5点の衣類」(ズボン、ステテコ、緑色ブリーフ、スポーツシャツ、半袖シャツ)が麻袋に入った状態で発見された。さらに、9月12日には、袴田の実家からこのズボンと生地・切断面が一致する「共布(端布)」を警察官が「発見」したとされたことにより(弁護団はすり替えを指摘)、検察は、冒頭陳述の訴因を変更した。

　一審の静岡地裁(裁判長石見勝四)は、自白調書45通のうち、起訴前に警察官が作成した28通のすべての自白調書(員面調書)と起訴後に検察官が作成した16通の調書(検面調書)を、証拠能力がないとして証拠から排除し、判決文中で異例の「付言」がなされた。しかし、味噌タンクの中から発見された衣類は袴田のものであると断定。評議で熊本典道裁判官は、袴田巖は無罪であると確信したが、他の裁判官が死刑を支持し、1968年9月11日、袴田の死刑判決となった。

　二審の東京高裁(裁判長横川敏雄)は、このズボンを袴田にはかせる実験をし、装着不能なことを確認しながら、裏地の縮みによるなどの根拠のない非科学的見解により、1976年5月18日控訴を棄却した。

　1980年11月29日、最高裁第二小法廷(裁判長宮崎梧一)の上告棄却及び判決訂正申立棄却決定送達により、12月12日、袴田の死刑が確定した。

**再審請求の動き**

　袴田は翌1981年、脱出したとされる裏木戸は、実際には出入不能であ

るのに警察が証拠を捏造していたことなどを明らかにして、再審請求の申立（第1次）を行った。1994年8月9日、静岡地裁は確定判決の証拠構造を吟味することなく、有罪心証のみを引き継ぐ立場から新証拠を個別に論難して、申立を棄却した。

2000年7月、袴田確定死刑囚の衣服に付いていたという血痕をDNA鑑定したものの、判別不能という結果に終わった。2004年8月27日（決定書日付は8月26日）、東京高裁第二刑事部は即時抗告を棄却。2004年9月1日、弁護側は最高裁に特別抗告したが、2008年3月24日、最高裁（第二小法廷、裁判長今井功）は特別抗告を棄却。これにより第1次再審請求終了。2008年4月25日、弁護側は静岡地裁に第2次再審請求をした。

　現在、日弁連や日本プロボクシング協会などが再審支援活動を続けている。袴田は、東京拘置所に収監中。30歳で逮捕されて以来、44年以上にわたって拘束された結果、拘禁症に苦しんでおり、適切な医療処置と処遇の改善運動も再審を求める運動とあわせて行われている。

　2007年2月26日、テレビの報道番組のインタビューで、一審当時の

2008年3月26日
静岡新聞

第2部　徹底検証・袴田事件の真実　｜　61

静岡地方裁判所の熊本典道元判事が、「私は無実だと確信していた」と述べた。しかし、評議で他の2名の裁判官が有罪と判断したため、判決は死刑となった。自らは無罪を確信しながら、主任裁判官として死刑の判決文を書かざるをえなかった熊本判事は、良心の呵責から、判決の7ヶ月後に裁判官を辞している。

## 1－2　袴田事件の背景
### （1）冤罪の宝庫・静岡という土地柄
　事件が発生した1966年までに、静岡県では、1件の小切手抜き取り事件と3件の有名かつ残忍な強盗殺人事件が発生していた。後日冤罪として無罪が確定した清水局事件と幸浦、二俣、小島事件である。そして、事件発生から35年後、再審無罪となった赤堀政夫さんの島田事件も見逃せない。さらに、冤罪とされなかった丸正事件もある。

### 【清水局事件】
　1948年2月6日、横浜市内の会社から額面7万9491円の銀行小切手が書留郵便で発送されたが、宛名の清水市内の会社に届かなかった。不着の問い合わせを受けて調査すると、小切手は既に換金されていた。小切手には受取人の住所氏名及び社印まで正しく記入されていた。そのため警察は書留郵便を取り扱った郵便局員3人を容疑者として取り調べ、そのうち筆跡が酷似しているとされた局員（当時22歳）を拘束した。問題の小切手に捺印されていた社印は印鑑屋で偽造されたものだが、犯人が2月8日に依頼した印鑑屋に受け取りに来たとされた。この日、被疑者の局員は非番でアリバイがはっきりせず、印鑑屋の主人も同一人物と証言し、局員も犯行を「自白」したため、3月10日に起訴。
　裁判では改めて小切手の筆跡鑑定がなされ、4人の鑑定人が被告人のものと一致すると鑑定。印鑑屋に社印を取りに行ったのが2月8日であるとする根拠は無く、しかも主人が姿をはっきり見たわけでないことが判明したが、一審、二審とも有罪判決となった。東京高裁は1951年4月30日に懲役1年6ヶ月の有罪判決。その後、最高裁上告となった。
　被告人は冤罪をはらすべく、1951年9月6日、自力で真犯人を探しだした。真犯人は当時、東京鉄道郵便局の郵便車乗務員だった男性で書留輸送中に盗み、その後行方をくらましていた。真犯人に対しては、1951年11月26日、なぜか冤罪の局員よりも軽い懲役1年が確定。局員に無罪判決が下されたのは、1952年4月24日であった。

### 【幸浦事件】
　1948年11月29日、静岡県磐田郡幸浦村で、海岸近くの一軒家に住むHさん一家4人（夫34、妻28、長男5、次男1）が突然姿を消した。当日夕方まで特に変わった

様子もなかったことや妻の眼鏡が家に残っていたことなどから、自発的な失踪の可能性は否定され、犯罪事件であるとの判断で捜査が開始された。

海岸に向かう道に赤ん坊のおむつが落ちていたため、海岸に死体が埋まっているとの推測で広範囲の死体探しが行われたが成果は出ず、捜査は越年。年明けの2月12日、近藤勝太郎さん（当時27歳）および小島敏雄さん（当時19歳）が別件の窃盗容疑で逮捕された。翌日、近藤勝太郎が「自白」し、14日に再び死体探し。しかし、近藤勝太郎が最初に指し示した場所からは発見されず、一旦引き上げた後に再開された捜査により一家4人の遺体が発見された。同夜、強盗殺人の「共犯」とされた近藤糸平さん（当時45歳）も緊急逮捕され、贓物故買罪の容疑によりその後に逮捕された吉野信尾さん（当時38歳）も含め、近藤勝太郎、小島、近藤糸平の3名が強盗殺人、吉野が贓物故買罪で起訴された。

公判廷において4人は犯行を全面的に否認。「焼火箸を手や耳に押しつけられた」等、拷問により虚偽の自白をさせられた事を訴えた。静岡県本部刑事課の紅林麻雄警部補主導による拷問・誘導尋問などを指摘。静岡地裁は4人の無実の訴えを認めず、近藤勝太郎、小島、近藤糸平に関しては、「3人が共謀して強盗殺人を犯した」と認定、「死刑」の判決。吉野に関しては、贓物故買を認め、「懲役1年および罰金千円」を判決した。

東京高裁の控訴棄却後、4人は最高裁へ上告。最高裁は「重大な事実誤認の疑い」があるとして、高裁へ差戻し。差戻審の東京高裁は死体発掘の端緒等多くの原審認定証拠に疑問を呈し、全員無罪判決。検察側が上告、最高裁で再審理。1963年7月、検察の上告を棄却。なお、主犯とされた近藤勝太郎は、最高裁における最終判決（第2次上告審判決）を聞くことなく、1959年8月持病を原因として倒れ死去。

## 【二俣事件】

1950年1月6日深夜、静岡県磐田郡二俣町（現、天竜市）で一家4人（夫46、妻33、長女2、次女0）が殺害された。両親は頸部を匕首で刺殺、長女は絞殺、次女は母の下で圧死。川の字で寝ていた男児3人は無事、という事件が発生した。

7日朝、長男の連絡で二俣署の捜査班が現場に急行し、捜査を開始。現場の六畳間は押し入れが荒らされ、柱時計は11時2分で止まっていた。家の外には27センチの足跡が残っており、手製の匕首と血染めの手袋も発見。警察は、素行不良の者を調べていくが、その中で奇術師一家の長男・須藤満雄さん（当時18歳）のアリバイが明確でないとして、2月23日別件で逮捕。須藤は無実を主張したが、その後拷問の結果、犯行を自供。3月17日、殺人罪で起訴。

起訴後、須藤は自白は拷問により強要されたとして無実を訴える。犯行時刻が1月6日午後11時過ぎであることは明らかで、須藤にはアリバイがあったのだが、警察は自白により犯行時刻が午後8時半から9時であるとした。1950年12月27日、静岡地裁は死刑判決。1951年9月、東京高裁は須藤の控訴を棄却。

1953年11月、最高裁は「自白の事実性に疑いがある」とし、物的証拠の矛盾なども指摘して原審破棄、東京高裁へ差戻し。1957年10月26日、東京高裁で検察の控訴を棄却、須藤の無罪が確定した。

本件でも、静岡県本部刑事課の紅林麻雄警部補主導の拷問・誘導尋問などが指摘されている。また、拷問について1950年12月25日に法廷で内部告発した、"真実の人"山崎兵八刑事は偽証罪で逮捕され、精神疾患の名目で免職させられている。さらに、山崎の自宅は不審火で焼失したが、警察は一切の捜査を行わなかった。

## 【小島事件】

　1950年5月10日深夜、静岡県庵原郡小島村で主婦が自宅で殺害され、2500円が奪われた。発見時、薪割りのオノが主婦の頭に突き刺ったままであった。現場の時計は11時37分で止まっていた。6月19日、村民の名指しで永松敏夫さん（当時25歳）を別件逮捕。この事件も"名刑事"紅林警部補が捜査主任であった。

　永松は事件当日、酒宴から午後11時少し前に帰宅。麦の被害調査書を書いてから妻と就寝したアリバイがあったが、永松はその主張をしていない。それほど紅林警部補の拷問は凄まじく、犯行の自供と「死刑を覚悟で犯行した」という内容の供述書を書かされた。

　1952年2月静岡地裁、1956年9月東京高裁はともに無期懲役を言い渡した。紅林警部補が、オノで一回峰打ちしたという犯行様態の「秘密の暴露」を行い、巧妙な誘導尋問と妖計によりでっち上げた自白調書を証拠として採用したのである。

　1958年6月、最高裁は「自白に任意性が無い」として原審を棄却、東京高裁に差戻し。1959年12月12日東京高裁で無罪判決が確定。

　「幸浦事件」「二俣事件」に続いて、三度目の最高裁による棄却破棄である。紅林警部補に世論の非難が集中した。

## 【丸正事件】

　1955年5月11日から翌12日朝の間に、静岡県三島市にある丸正運送店の女性店主が絞殺。警察は証言からトラック関係者に捜査の中心を置き、事件当夜に沼津から東京へ向かっていたトラック運転手をこの事件の犯人として、5月29日にR、翌日にSを逮捕。Rは事件について終始関与を否定。Sは一度自白をしたものの、それは拷問によるものだとして、公判では一貫して全面的に否認した。

　1957年、第一審でRには無期懲役、Sには懲役15年の有罪判決。控訴審は棄却、最高裁への上告も棄却。その後、1974年4月25日、Sは満期出所、1977年6月17日にはRも仮釈放。二人の出所後、再審請求が行われたが棄却、即時抗告も行われたが棄却、さらに特別抗告が行われたが、1989年1月2日にRが死去、3年後の1992年12月27日にSも死去。再審請求の手続きは審理途中で終了、被告人死亡による公訴棄却となり、真相は闇の中である。

　この事件では被害者の死亡時刻や死亡状況の推定について不備が指摘されており、再審請求に際して提出された被害者に関する新鑑定によれば、被害者の死亡時刻には犯人とされた両名ともにアリバイが存在している。正木ひろし、鈴木忠五両弁護士は、『告発』の中で真犯人は別にいると公表、その"真犯人"から名誉毀損で告発された。1965年、一審で禁固六ヶ月の有罪判決を受ける。このときの特別弁護人は、作家の高木彬光だった。

　袴田事件に先立つ時代、静岡では、幸浦、二俣、小島事件で無辜の民の2名を死刑、1名を無期懲役判決にでっち上げた捜査主任であった辣腕・紅林警部補の悪名がとどろいていた。

　静岡県警本部と清水警察署にとって袴田事件は、これら事件の汚名をすすぎ、社会的評価を取り戻す絶好のチャンスであった。彼らには、どうしてもこがね味噌専務一家4人殺害放火事件の犯人を挙げることが迫られていたのである。ここから、袴田巌が犯人とされる悲劇が始まった。

4つの冤罪事件を創り出した過去の捜査手法と結果に反省のない彼らは、他の冤罪事件と遜色ない手法を用いて、一連の犯行ストーリーを作り上げた。すなわち、見込み捜査に基づく逮捕、代用監獄を利用した自白の強要、証拠の捏造と隠滅・隠匿、マスコミへの虚偽のリークと利用などを行ったのである。

（２）当時の報道
　袴田事件を冤罪とした要因の１つとして、当時の報道が果たした役割の大きさが指摘される。捜査員の苦労と奮闘の賞賛と、警察発表にもとづく予断に満ちた当時の報道が、世論形成を大きく左右し、それがさらに警察のでっち上げに拍車をかける構図が見て取れる。
　以下に引用するのは、当時の新聞記事である。

【昭和41（1966）年8月19日（金）　読売新聞静岡版　朝刊】
決め手つかんだ"科学捜査"
"新兵器"で微量の油抽出　殺人放火の「誇田（ママ）」逮捕
分析、実に数百回　基礎データなく苦労
　清水市の「橋本藤作商店」一家四人強盗、殺人、放火事件は十八日午後七時三十二分、清水署の特捜本部で容疑者として同商店住み込み従業員袴田巌（三〇）を逮捕したが、事件発生以来五十日間にわたってくり広げた科学の力と足と勘の捜査の結果だった。連日二百人から八十人、述べ四千人の捜査員を動員、大がかりな捜査を展開、袴田のパジャマについた血液型判定と放火に使われた混合油と同商店工場内にあった混合油の性質が一致、パジャマについていた油もほぼ同質の混合油との鑑定が出たことがきめ手になった。この鑑定に成功した県警鑑識課法医理化学研究室（鈴木完夫室長）の科学警察陣の活躍がものをいった。
血液型でも"点"を分析
　袴田のパジャマは、消火作業で水にぬれたうえ、洗たくして、付着した血こんも油もごく少量になっていた。現場の遺体の着衣や毛布などについた油も、焼けたうえ、ごく少量だ。抽出は困難をきわめたが、こんどの事件では、

現場に油が残っていた点が重要なきめ手になると当初から考えられ、鑑定にかけられた期待は大きかった。
　油の鑑定には、ガスクロマトグラフという機械が使われる。油をガス状にして成分を分析する機械で、少量の油でも分析できるのが大きな特徴。放火事件に対するもっとも有効な武器として、四、五年前から全国の県警で使われているが、県警のガスクロマトグラフは、昨年暮れ、購入した最新式のものだ。
　この機械を相手に、油の分析は、同研究室の篠田勤（三七）と角野勝明（二五）両技官が現場の油をまず混合油と断定、この混合油がどこから持ち込まれたかを調べるため、清水市内周辺のガソリンスタンドなど約百店からガソリン、混合油、オイルを持ち込み、数百回にわたり分析をこころみた。徹夜の作業も幾日かあった。

パジャマ、さらに詳しく分析

　「もっとも困難だったのは、やはり量が少なかったことだ。また、血液型などと違い、油の分析はこれまでの基礎データがないので苦労した」と篠田技官はいう。全国でも例のない分析作業だったとみられ、パジャマの油の分析はさらに詳しく進められているが、最終鑑定が注目される。
　一方、パジャマの血液型は、鈴木健介技官（三二）が担当したが、これも少量の分析が成功した。専務一家が四人とも血液型が違うため、パジャマについた血液全部を集めたのでは、型がまじってしまう。そこで点々とついた血こん一つ一つを別々に鑑定するという困難さだった。
　袴田は、先月四日、任意の取り調べで追及されると「パジャマの血液型を調べれば、すぐわかることだ。自分の手の傷の血液だ」と言い張った。よく洗ったから、血液型判定はできないだろうと考えたのだろうか。しかし、袴田のこの弁解は、科学捜査の地道な努力の前に、もろくもくずれ去った。

約五百人からしぼる　疲労で捜査員三人入院

　捜査本部では事件の性格が"密室殺人"そのうえ放火、作業員の雨ガッパが落ちていたことなどから犯人の内部説を強く打ち出したが、現金などの被害がはっきりしないため犯行動機がはっきりせず、うらみ、物とり両面並行の捜査方針となった。このため、捜査範囲もぐっと広がり、調べた疑いのあ

る関係者は約五百人にも達した。焦点をしぼるため、連日、捜査員は聞き込みを続け、中には五十日間、毎日通った家もあり、顔を見るたびに相手のうんざりした表情に、ときには気落ちもしたが、関係者の証言を照合するにつれ一人一人容疑が消え、従業員、中でも袴田にだんだんとせばまった。

　袴田は、七月四日の家宅捜索で血ぞめのパジャマが押収され、犯人に間違いないと調べられたが、結局、確証がなく帰宅させた。しかし袴田にはアリバイもなく、状況証拠が固められるにつれ袴田は捜査線上に再び強く浮かび上がった。反面、袴田を一度取り調べたため、市民の情報が何かと袴田と結びつけて、情報の内容を差し引いて考えねばならなかった。捜査員一人一人が先入観を捨て、確かな調べの上に立った捜査を続けた。

　捜査範囲は県外にも及んだ。現場の仏壇の間から見つかったクリ小刀は犯行に使われた凶器とみられ、入手経路をさぐれば犯人の線が出てくると力を入れ、製造元の岐阜県関市や他産地の兵庫、東京、また同種のクリ小刀を買った大工を追って、山梨県にも係り官を派遣するとともに、各県警にも協力を求める広域捜査を展開した。結局、クリ小刀からは犯人は割り出せなかったが、裏面の苦労を物語る一コマだった。

　捜査陣は夏休みも返上、炎天下の捜査に疲労が重なって、入院した捜査員三人が出たが、現場の便所の総ざらいをしたり、クリ小刀の先端が折れてなくなっているところから四人の遺体を焼いた灰の中にあるのではないかと見て、火葬場を捜しまわる笑えないエピソードもあった。

　ある刑事は「個人のファインプレーというものはなく、私だけでも千回以上にも及ぶ聞き込みをし、九百九十九回がむだになってもひとつの実りさえあればと思ってやってきた。幸い、こんどの事件は行き詰まりというものがなく、じみながら捜査が進展していたので、やりがいもあった」と語っていた。

ぐれた元ボクサー　袴田　借金でバーも閉鎖

　袴田は、静岡県浜名郡舞阪町で男女各三人の六人きょうだいの末っ子（三男）として生まれた。浜北市赤佐中卒業後、織り物会社に勤めたが二年で自動車会社に職を変えた。このあと、浜松市内のボクシング・クラブにはいり、第十二回静岡国体には県代表で出場、さらに神奈川県川崎市の不二拳クラブ

にはいりプロになった。日本バンタム級六位にまで進んだが、頭を痛めてやめた。

　さる三十八年十二月、清水市内の女性と結婚、同市下清水のキャバレー「太陽」でバーテンとホステスとして約一年勤め、三十九年十月には長男が生まれた。Aさんは「太陽」に約五年間通っていたなじみ客で、Aさんと袴田はこのキャバレーではじめて知り合った。Aさんの友人で酒店経営の西宮日出男さんが「太陽」に酒を卸すうち袴田の人柄を知り、二人出資して、夫婦は、三十九年暮れバーを経営したが、間もなく経営不振で閉鎖。妻はもう一軒バーを持ったが、袴田は西宮さんの紹介で「橋本藤作商店」に就職した。だが、このころから夫婦仲が悪くなって離婚状態となり、現在は別居、袴田は同商店工場内の寮に住み、妻（二六）は名古屋に住んでいる。

　袴田は、殺された専務の妻から「子どもが交通事故でけがをした」と一万円借りたが、事件後、同商店経理係員に返済した。妻が死んでしまったので黙っていればわからなかったものだが、わざわざ返済している。また、近所の食堂の話だと、つり銭がなくめし代を貸したことがあるが、店でそのことを忘れていたのに、袴田は「前に借りた分だ」と返しにきたという。きちょう面だということを強調したのかもしれない。

### 別件の窃盗は会社のミソ盗む

　袴田に対する逮捕状は、強盗、殺人、放火、別件の窃盗容疑となっているが、この窃盗は、調べによると、昨年八月ごろから四回にわたって工場の製品を盗み、四キロ入りミソータルと五百グラム入り「キンザンジ」ミソ四十五袋（計二千六百九十五円相当）を市内の旅館に売っていたというもの。

### すべてがデタラメ・でっち上げ

　読者の皆様には、本書により、袴田巖が無実であることを事実を見て確認していただきたい。先ほど長々と引用した、あたかも迫真にせまるがごとき新聞記事は、袴田の私生活の一部を除けばすべてが嘘なのだ。以下ではそのために、警察と検察そして裁判所による、袴田犯行のでっち上げのシナリオについて、特に重要であると考えられる写真、資料や図などを引用し、その虚偽性を容易に理解できる事項を中心として取り上げる。

しかし、これらはでっち上げられた虚構のごく一部に過ぎないことを銘記していただきたい。シナリオのすべてがデタラメであるのだから。
　袴田巖は犯人ではない。袴田事件として、袴田の逮捕から始まり現在まで裁判所でなされていること、すべてが虚偽である。

　袴田事件は、国家によりつくられた冤罪なのだ。

## 2 代用監獄での苛酷な取調べ

### 2-1 取調べと自白
(1) 任意出頭から逮捕状の執行
　袴田巌は、1966年8月18日午前6時40分頃、清水警察署に「任意出頭」の求めに応じて出頭した。同署で直ちに取調べを受け、午後1時まで休んだのち、再び取調べを受け、午後7時32分に逮捕状を執行された。その後も同署に留置され、再び午後8時30分頃から午後10時05分頃まで取調べを受けた。そして、同日逮捕された。

(2) 代用監獄における比類なき240時間の取調べ
　わが国には、未決勾留あるいは被疑者勾留の際、警察署内の留置場に拘禁するという、世界でも悪名高く、多くの冤罪者をつくり出してきた「代用監獄」が存在する。密室の代用監獄――これが諸悪の根源であり、袴田事件でも当然のごとく悪用された。

　袴田は、1966年8月18日に逮捕された後、9月6日の自白に至るまでの期間、留置・勾留された。袴田に対する取調べは、全てこの代用監獄たる清水警察署で行われた。松本警部ら取調官は拷問といえる過酷な取調べを全面否定するが、袴田自ら法廷で陳述するだけでなく、「留置人出入簿」(松本久次郎警部、昭43.1.19、静岡地裁第23回公判調書) を一瞥するだけで、否定しがたい事実であることがわかる。

　当時の静岡は冤罪の宝庫であり、戦後、冤罪の疑いの濃厚な浜松事件が起きている。ついで紅林警部補の悪しき伝統が根付いている。前述した幸浦事件、二俣事件、小島事件、島田事件などの冤罪事件に見られる共通の事態は、手段を選ばず被疑者に自白を強要することである。袴田事件では、被疑者の自供をえなければ、真相究明・把握が到底困難な事件であった (捜査記録) ので、物的証拠を何ら得ていない警察・検察は、いきおい自白を得ることに全力を注いだ。

　袴田に対する取調時間を考慮すれば、いかに過酷な取調べがなされたか

は容易に首肯される。袴田に対する司法警察員（松本久次郎警部、岩本広夫警部補、松本義男静岡県警本部刑事部一課巡査部長、森田政司清水署刑事課捜査一係巡査部長）による取調べは、逮捕の翌日8月19日から自白するまでの9月6日まで、延べ240時間に上る。連日、1日平均12時間の取調べであった。特筆すべきは、自白の前々日の9月4日、午前8時30分から翌日午前2時までの16時間20分という取調べである。

| 日付 | 取調時間 | 取調回数 | 合計取調時間 |
|---|---|---|---|
| 8月18日 | 6：40頃〜22：05 |  | 14時間15分 |
| 8月19日 | 9：10〜21：50 | 3回 | 10時間30分 |
| 8月20日 | 8：50〜23：15 |  | 7時間23分 |
| 8月21日 | 14：35〜23：05 | 2回 | 6時間5分 |
| 8月22日 | 8：35〜23：00 | 6回 | 12時間11分 |
| 8月23日 | 8：35〜23：00 | 3回 | 12時間50分 |
| 8月24日 | 9：20〜23：00 | 3回 | 12時間7分 |
| 8月25日 | 8：35〜23：05 | 4回 | 12時間25分 |
| 8月26日 | 8：44〜23：10 | 3回 | 12時間26分 |
| 8月27日 | 8：30〜23：12 | 3回 | 13時間17分 |
| 8月28日 | 9：10〜23：02 | 3回 | 12時間32分 |
| 8月29日 | 10：40〜21：53 | 5回 | 7時間19分 |
| 8月30日 | 9：10〜23：08 | 4回 | 12時間47分 |
| 8月31日 | 9：30〜23：10 | 3回 | 9時間32分 |
| 9月1日 | 8：40〜23：08 | 3回 | 13時間18分 |
| 9月2日 | 8：40〜22：50 | 4回 | 9時間15分 |
| 9月3日 | 8：50〜23：10 | 2回 | 9時間50分 |
| 9月4日 | 8：40〜翌2：00 | 3回 | 16時間20分 |
| 9月5日 | 8：30〜23：35 | 3回 | 12時間50分 |
| 9月6日 | 8：30〜 11：10より「自白」開始 | 3回 | 14時間40分 |

取調の状況

## （3）袴田を追い込むためのいかなる工作がなされたか？

その年の夏は猛暑であった。蒸し風呂のような調べ室で連日袴田を追及した県警捜査一課の強力係長、松本久次郎警部はこうつぶやいた。「20年刑事生活をしているが、袴田のような図太い男にあったのは初めてだ」（昭41.9.7）。

かくして、袴田を自白に追い込むために、あらゆる手段が講じられた。まず、食事の制限である。官給の食事は通常、「一汁一菜」であるが、袴田には「一汁」。朝食は午前7時（味噌汁とご飯）、昼食は午前11時10分から午後0時5分までの間（パン）。昼食と休憩はわずか20分間、夕食は午後5時30分にでて午後6時までに終了（30分間）。入浴は猛暑の夏、毎週水曜日の1回きりにすぎない。

袴田は当然、睡眠不足に陥った。眠い。12時頃床につく。しかし、2つか3つ離れた部屋に、代わる代わる酔っ払いを連れてくる。そして、

一晩中騒がせていた。これも、警察の常套手段である。

(4) 袴田自白は強制、拷問または脅迫で得られた
　袴田の自白が任意にされたものではなく、強制、拷問または脅迫によるものであることは決して否定できない。そのことを確認するために、公判における袴田への尋問内容を見ていただこう。

——（弁護人）9月6日、袴田が初めて供述調書に署名し、押印させられた時の取調官は、松本（巡査）部長、森田（巡査）部長である。その時に、ここに名前を書けといったのはだれか。
　「松本警部です」
——警察官は、どういう人が何人であったか、記憶にありますか。
　「……松本警部、岩本警部補、松本部長、森田部長、強力班と称する年寄りですが2人、名前は知りません」

　確かに、袴田は自白をしたと報道されている。しかし、自白に至るまでの生々しい状況が手に取るように記されている。袴田の自白の採取の方法が、刑訴法第319条に反していることは明らかである。

——（検察官）調べの状況はどうでした。脅かすとか、乱暴するというようなことはありましたか。
　「ありました」
——特定の調べのとき、あの調べ官が、こういうことを言って脅したという記憶は？
　「……それは、わたしが耳が悪くなって、体がむくむくし、扁桃腺などもしたり、熱もあったりして、『医者にかかりたい』といったところが、一向に受け付けなくて、『とにかくわれわれのいうことを聞け、認めれば、医者も連れてきてやる』そういうことをいったり……」
——それはいつ頃の、だれの調べのときですか。
　「松本警部と、岩本警部補です。いつかはわかりません」

――ほかにはどうですか。脅かされたということは。
「わたしが夏のことで、暑いので汗を拭いても、怒るんです。『そんなかっこうするな』って。固い椅子を出されて。びりびり来るものですから動くと、『動くんじゃない』。手をつけば、手を叩く。そういったことの繰り返しでした。これは犯罪について、僕がやったのか、やらんのか理由を聞くでなしに、虐待でした」
――乱暴されたことはあるんですか。
「あります。(中略)髪の毛を引っ張られるときは、年中ありました」
――小便をするときなどは、調べを中断して外に出して、(中略)くれましたか。
「初めは、やらしてくれました」
――その後、やらしてくれなくなったのですか。
「９月に入ってからは、やらせないことが多かったです。まともにやらしちゃくれなかったです。(中略)いよいよ困ると取調室へ便器を持ってきまして、『調べ室の隅でやれ』といって、やりました。(中略)毎日そうだったです」
――自供以後は、取調室で小便させられるということはなくなったのですか。
「６、７日あたりはそうだった思います」

(５) 弱陽性を示したウロビリノーゲンの反応は、何を意味するのか？

　袴田が自白したとされる日の４日前、９月２日午後１時40分から20分間、医師の診察が行われた。袴田の肉体はもはや限界を超えていた。袴田は中耳炎を起こし、膿が出るようになっていた。しかし、警察官は「何を言うんだ。こんなものは治りゃしない。被害者が祟(たた)っているんだ」(袴田、昭42.12.8静岡地裁第22回公判調書)。

　木村和夫医師(清水警察署の嘱託医)の証言によれば、「むくみが足に一番顕著に、そしてついで顔にかなりみえた、それからアキレス腱や膝蓋腱反射が亢進していた」「ウロビリノーゲンの反応は弱陽性」(脚気、飢餓の状態、肝臓が悪い状態の時に出る)を示した。しかし、同医師は、「疲

労」という言葉を用いたがらず、「9月2日に関しては、病気におかされていたと申し上げていいと思います」と言うにとどまる（昭43.2.15静岡地裁第24回公判調書）。

　この期間中の取調べの形式をみると、司法警察員松本久次郎、松本義男、岩本広夫、森田政司、住吉親らが取調べに関与し、そのうち1名が取調べに当って、他のうち1名が立会うという形式でなされた。

　そのうち、最も多く取調べに当ったのは、主任官松本久次郎警部（当時47歳、『強力担当調査課』の課長補佐職）で、次が松本義男であった。

（6）署名、押印も恫喝（どうかつ）と力づくでなされた

　免田事件でも同様なことが行われたと、免田栄さんは訴えていた。疲労困憊（こんぱい）し、思考停止に陥った被疑者に、予め自白内容が記載され用意された調書に手を添えて署名をさせるやり方である。手を添えて署名することを拒否すれば、力づくでやることは目に見えている。これが、今でも取調べを可視化できない理由の一つだ。袴田は、本件犯行を認める供述をした理由と自白の不当性をつぶさに、そして、具体的に訴えている。

　「わたくしが長期的な調べで、体も疲れきって。ほとんど寝られないような状態で、その朝、9月6日だと思いますが、いつもと同じように引っ張り出されまして、そして、いつもに増してテーブルをぶったたいたり、怒鳴ったりで、わたしは頭が痛くて、めまいもするし、とても疲れちゃって、午前中休ませてくれ、と頼んだです。ところが、『だめだ』と、『認めりゃ、休ませてやる』。こういって、警察官がいいまして、わたしが目をあけたら、調べ室がぐるぐるまわり出したもんですから、テーブルに手をつくだけでも転びそうだったものですから、頭をうつぶしていると。テーブルを叩いて、『なんだ、その態度は』と、テーブルドンドン叩いていうので、静かにしてもらいたいから、『昼から、あんた方のいうように認めるから、午前中、休ませてくれ』といったのが、10時頃ではないかと思うんです」

　「そういったら、1人の刑事が、あわてて表にとび出して行きました。

それだけ知っていますが、わたしは、しばらく眠ったようになりまして、突然、『袴田』と叩き起こされました」
　「おぼろげながら、ひょっと見たら、『ここに名前書け』。そういうものですから、わたしも静かにしてもらいたかったので、頭がズキズキしていたので、名前だけ書いて、突伏してたら、私の手を持って、指印を押してそのまま出て行ったんです。それが午前11時ちょっと過ぎ頃じゃないか」
――どういう紙に名前を書いたのですか。供述書と頭にある紙じゃないですか。
　「そこまでよくわからなかったです。何とか書いてあったと思いますが、何が書いてあったかわからないです」
――それを読んでくれなかったですか。
　「聞きません」
――あなたとして、自分で犯行を認めたという意識はあったんですか。
　「ありません」
――どういう書類に署名するという意思で署名したんですか。
　「意思はありません。少しでも休ませてもらいたいから、出てきた物（に）名前を書いて、もうしばらく休ませてくれ、といいました」（昭42.12.8、静岡地裁第22回公判調書同公判調書）

　取調官らは、本事件現場から推測した侵入経路等、殺人、放火、逃亡の犯罪の行われたであろう推定の筋書きを、「予め調書に作成してあり」、「私が大便を我慢できなくなって、その場にうずくまってしまうと、そのすきをとらえて、私の指を印肉に突込み、調書らしき書類にわたしの指を押しつけ、他の刑事が私にペンを握らせて書類に導き、ここに名前を書くんだ、と恫喝しながら蹴ったり、腕に逆捻りをくらわせたりして署名を奪ったこともあ」ったというのである。恫喝と力づくで署名、押印を得る常套手段だ。こうして、無辜(むこ)の民が吊(つ)され、縊(くび)られる。

## 2－2　袴田容疑者と取調べの内容
（1）袴田を容疑者として認定した端緒

8月20日頃からの取調べの内容は、①パジャマの血、②アリバイ、③被告人の左手中指の傷、④工場の溝から発見された手拭の血、⑤凶器の5点を中心に行われた。袴田は、①については血の付着を否定し、②については寮の部屋で寝ていたとのべ、③については消火活動の際トタンで切ったとのべ、結局、自分は本件の犯人ではない旨主張した。
　しかし、警察は、袴田が内部事情に詳しいこと、左手中指にけがをしていること、アリバイが欠如していること、血痕の付着したパジャマと作業着が見つかったこと、そして、勤務態度と夜間外出などを理由として、犯人であると見込み捜査を重ねるのである。

## 3　証拠からの排除

### 3－1　すべての員面調書が証拠から排除

　袴田事件における被告人の自白調書についての裁判所の判断は、一部を除いて当然と言えるものであった。司法警察官により作成された 28 通すべての供述調書の証拠能力が否定された。これは、本件における警察の活動全体の違法性を浮き彫りにするものであり、袴田の無罪を示すものに他ならない。
　静岡地裁判決では、以下のとおりに判断されている。

　被告人が逮捕されてから 9 月 6 日に自白するまでの間に、弁護人が被告人と接見したのは、（イ）8 月 22 日に 7 分間、（ロ）8 月 28 日に 15 分間、（ハ）9 月 3 日に 15 分間であったこと、等の事実が認められる。
　このような実態をもつ本件司法警察員の被告人に対する 9 月 6 日、被告人が自白をするまでの取調は、──外部と遮断された密室での取調自体のもつ雰囲気の特殊性をもあわせて考慮すると──被告人の自由な意思決定に対して強制的・威圧的影響を与える性質のものであるといわざるをえない。
　したがって、このよう取調の結果なされた自白およびこのような取調の影響の下になされた自白は、何れも「自由で合理的な選択」にもとづく自白と認めるのは困難といわざるをえず、従って、刑事訴訟法第 319 条第 1 項の「任意にされたものでない疑いのある自白」に該当し、証拠とすることができないものと認める。

　そして、地裁判決は、裁判史上稀にみる以下の付言をした。

《付言》
　すでに述べたように、本件の捜査に当って、捜査官は、被告人を逮捕し

て以来、専ら被告人から自白を得ようと、極めて長時間に亘り被告人を取調べ、自白の獲得に汲々として、物的証拠に関する捜査を怠ったため、結局は、「犯行時着用していた衣類」という犯罪に関する重要な部分について、被告人から虚偽の自白を得、これを基にした公訴の提起がなされ、その後、公判の途中、犯罪後一年余も経て、「犯行時着用していた衣類」が、捜査当時発布されていた捜索令状に記載されていた「捜索場所」から、しかも、捜査官の捜査活動とは全く無関係に発見されるという事態を招来したのであった。

　このような本件捜査のあり方は、「実体真実の発見」という見地からはむろん、「適正手続の保障」という見地からも、厳しく批判され、反省されなければならない。本件のごとき事態が二度とくり返されないことを希念する余り敢えてここに付言する。

　検察官は、第21回公判において、被告人の司法警察員に対する供述調書28通及び検察官に対する供述調書17通の取調を請求し、当裁判所は、第28回公判において、右供述調書45通を全て証拠として採用して証拠調を行なった。しかしながら、当裁判所は、再度検討した結果、右45通の供述調書のうち、被告人の検察官に対する昭和41年9月9日付供述調書1通を除く、44通の供述調書は、被告人弁護人が公判廷で主張したのとは別の理由によって証拠能力がない、との結論に達したので、刑事訴訟規則207条によって、職権でこれを排除する。

## 3−2　排除されなかった1通の検面調書
(1) 検察官により作成された供述の任意性について

　熊本典道元裁判官が静岡地裁での評議の内容を吐露し、この上なく悔いたことは、1通の検面調書がどうしても排除されえなかったということである。この調書がなければ、袴田を有罪にすることができなかったからである。地裁の判決はこの調書の任意性について、以下のように判示した。

　右（被告人の自供調書の一部排除について）の（1）で述べたように、被告人の司法警察員に対する供述調書の任意性に疑いがあるとすれば右供

述調書の任意性にも疑いがあるのではないか、との疑問が生まれるので、この点について検討すると、証人吉村英三の当公判廷での供述によると、検察官吉村英三は、昭和41年8月20日午後7時頃から2時間、同月21日午後2時頃から1時間、同月31日午後7時頃から2時間、同年9月2日午後7時頃から2時間、同月3日午後7時頃から2時間、同月8日午後6時頃から3時間、同月9日午後2時から5時間、午後7時30分から2時間、何れも清水警察署において被告人を取調べたこと、右取調に際しては検察事務官を立会せただけで司法警察員を立会せたことはないこと、とくに9月8日の取調の際には、すでに被告人は司法警察員に対して自白していたので、「警察と検察庁はちがうのだから警察の調べに対して述べたことにはこだわらなくていい」旨注意して取調を行なったが、これに対して被告人は「私がやりました」と述べたこと、9月8日及び9月9日の取調に際して、司法警察員作成の自白調書を参考にして取調べたのではなく、またこれを取調の際机の上に置いていたのでもないこと等の事実が認められる。

　これらの事実に照らすと、検察官吉村英三の被告人に対する9月9日の取調に対して、前記司法警察員の被告人に対する取調が強い影響を及ぼしたものとは認められない。従って、この点から、右供述調書の任意性に疑いあり、ということはできない。

　また、証人吉村英三の当公判廷の供述によっても、被告人のいうごとく同人が被告人を取調べる際大声でどなったり、机の上を叩きつけたり等したり、また、「自供しない限り2年でも3年でも勾留するぞ」とか、「警察で認めたのに、なぜ検事に対して認めないのか」等と言った事実も認められない。

　その他に、右供述調書の任意性を疑わしめるような事実も認められない。

　よって、被告人の検察官に対する昭和41年9月9日付供述調書は、任意性が認められるので、証拠として採用する。

## 3－3　豹変する袴田の自白
（1）荒唐無稽でも何でもよい、とにかくストーリーだ！

一審当初より袴田家の依頼を受けた私選弁護人である齊藤弁護士らは、本件について以下のように推理している。まず、①警察は最初から、「袴田はいい線だ」との前提で、見込み捜査をしていた。②公判の最終段階まで犯行時の着衣とされた、「血染めのパジャマ発見」という虚偽の発表をマスコミにリークし、袴田を犯人に仕立てる工作を事件直後から行っている（7月4日警察発表）。③警察は実況見分捜査等により現場の状況、死体の情況、遺留品についての情報を全て把握していることは、当然である。
　齊藤弁護士の推理は、的を射ていると言わざるをえない。
　取調官らの眠れない夜が続く。兎にも角にも、犯人でない袴田を犯人に仕立て上げる作業をしなければならないからである。警察は、見込み捜査と血染めのパジャマで、世論に向けては袴田を既に犯人とした。そして、残された取調官の仕事は、自白に基づく1つのストーリーを作成することだ。荒唐無稽でも何でもよい。袴田に嘘の供述をした回数を重ねてストーリーの不自然さを指摘させればよい。辻褄が合わなくなれば被疑者が嘘をついたかのように取り繕い、カモフラージュを続ける。そして、そのストーリーに合わせて誘導された結果が、1966年9月6日付から始まる自白調書に他ならない。
　しかし、このストーリーは、取調官がとにかく動機を始めすべてを想像、いや妄想だけで書くのであるから、回数を重ねなければならない。そして、紆余曲折を経たからといって合理的なものとは成りえない。時々刻々、ますますボロが出るのは当然なのだ。

（2）犯行動機、侵入経路などの自白は笑止千万
　複数の警察官らによる妄想や空想から開始され、作り上げられる虚構。これも過去の冤罪事件に共通の特徴である。布川事件の桜井昌司さんも語るように、被疑者は犯行現場を知らないし、被害者の服装など知りうるはずがない。まして、犯行着衣、侵入口、凶器など全く知らないのだ。さらには、強盗目的などは予想もつかないことなので、ストーリーが収拾不能となることは後述するとおりである。
　すべては、犯行現場を確認している警察官の誘導により行われ、検証

が済んでいるところは精緻に、そして、外見上はまことしやかに、しかし、犯行に関するすべての事実に関しては、結局のところ、支離滅裂な自白調書が作成される。本件における自白調書の作成の具体的なプロセスを注視いただきたい。

**1）犯行動機**
①9月6日付第1回調書
イ　専務妻と肉体関係が以前からあった。
ロ　専務妻に家を建て替えたい、強盗が入ったかのように見せかけて家を焼いてくれ、と頼まれた。
ハ　決行日は、6月29日夜と決めた。
②9月6日付第2回調書
イ　4月中旬から専務妻と肉体関係があり、専務の留守中関係していた。
ロ　事件の15日から20日前に関係し、そのころから専務妻が「この家を鉄筋に建て替えたいが、あの人（専務）がなかなかやってくれない。油で放火してくれれば建て替えできるが、できるかね」と言い、「やります」と答えた。
ハ　「この間の話、29日にやってくれないかね」「いいねえ」「夜1時半ごろ私が裏口を開けておく。油を持って来てちょうだい」
③9月7日付調書
イ　私は、専務妻と、4月頃から肉体関係を結んだ。
ロ　前回までの、ロ）ハ）は嘘です。自分をかばうつもりで嘘をついた。本当は、専務と専務妻とのことで言い争いになった。
ハ　6月29日、専務妻が私に冷たくした。私はクビになると給料日前でもあり困るから今夜、話をつけようと思った。こじれた場合ナイフで脅かし、当分の間暮らしていける銭をもらっておこうと、午前1時20分専務の家に侵入した。
④9月8日付調書
イ　奥さんと肉体関係を持ったのも、そのことで痴話喧嘩を清算にいったのも嘘です。自分のみをかばうために事実ではないことを話して引っ込

みが付かなくなり二度嘘をついた。
- ロ　銭が欲しかったのは、妻と離婚し、息子を中瀬の家に引きとってもらったが、お袋と兄嫁とうまくいかず、一軒アパートを借りておふくろと3人で住みたいと考え、その銭を工面したかったのだ。
- ハ　6月29日、寝床の中で盗みを決心した。それは1万円借金した返済と、給与から食費など引くといくらも残らないので、会社の集金した金が店にあることが判っていたからだ。

『地獄のゴングが鳴った』の著者、高杉晋吾氏は言う。「自白すれば死刑」の重罪を告白しながら、ありもしない「奥さんとの肉体関係」や「奥さんに家を焼いてくれと頼まれた」といった嘘をつく必然があるだろうか（高杉・前掲書、70頁）。

冤罪事件では、たとえ被疑者が自白したとしても被疑者は自分が犯人でないことを自覚しており、また、裁判所で自分が無実であることを認めてもらえると確信していることは、共通に指摘されている。袴田がありもしない「奥さんとの肉体関係」や「奥さんに家を焼いてくれと頼まれた」と自白したのではない。殺人の犯行には、金と女が動機になることを教えられてきた取調官が、それを描くために意識して作成し、袴田を誘導し署名押印させた調書に過ぎない。嘘を文字として羅列にしたのは、取調官である。そして、いくら妄想でも度が過ぎ、辻褄が合わないことを取り繕うために、新たな自白を取り続けたのだ。

## 2）侵入経路
①9月6日付調書
- イ　パジャマ姿で専務の家の裏木戸に行くと、専務妻が裏木戸を開けてあった。
- ロ　侵入し、放火油を中に置いて、いったん外へ出た。
- ハ　専務妻が裏木戸を閉めたので、屋根にのぼり、中庭にとびおり侵入した。

②9月6日付第2回調書

イ　パジャマ姿で、ポリ樽に油を8分目入れた。
ロ　専務宅の裏口に行き、専務妻が裏木戸を開けた。
ハ　ポリ樽を中にいれ、専務妻から刃物を受けとり、裏口へ出た。
ニ　隣家の木を伝って屋根にのぼり、ひさし伝いに中庭に侵入した。
③9月7日付調書
イ　寝まきのパジャマ姿で、専務宅の裏口へ行った。
ロ　隣家の木を伝って屋根にのぼり、ひさし伝いに中庭へ。
ハ　殺害後、工場に戻り、油を持って裏木戸の下部をこじ開けて再侵入し、放火した。

　侵入口及び侵入・行動経路に係る自白内容についても、袴田の自白は、およそ支離滅裂であると言わざるをえない。それでも裁判官は、検証がなされたと認定したのである。侵入口と経路については、改めて詳細に検討する。

### 3）ガマ口
①9月6日付第2回調書
　強盗が入ったように見せかけるため、庭の土間の通路の机の抽出からガマ口を一個持ちだし、通路の方に投げておきました。
②9月6日付第3回調書
　食堂から土間に出て、電話機においてあるテーブルのところに行き、その上に金の入っている白い布袋と、長さ10センチぐらいのナイロンでできたガマ口があることが判り、それを手に持つと専務が出て来て……
③9月7日付調書

ガマ口

テーブルには電話機が置いてありましたが、その近くのテーブルの上に、ナイロンのガマ口が1箇が置いてあることが判り、それを見ると急に欲が出たというか、給料前でちょうど金もなかったりして、そのガマ口1箇を持って行こう、という気になり、ガマ口を持つと同時に専務が起きて来たのです。（中略）ガマ口は逃げる時か、専務に向かう時か、そのどちらかわかりませんが投げ捨てました。
④9月9日付調書
　9月7日とほぼ同様

　ガマ口に関する警察のストーリーは、現場検証でのガマ口の発見、実況見分での長女の説明に依存したものである。それを構成する内容としては、
イ　普段、土間の机の抽出の中にあるガマ口
ロ　裏木戸の近くに落ちている
ハ　すぐ近くに専務の死体
　そして、警察の推理（ストーリー）とは、侵入目的＝窃盗・強盗→ガマ口の物色→専務に追われて移動→捨てる→裏木戸で乱闘、である。
　齊藤弁護士の疑問は、①「ガマ口をそちらに放り出したら強盗に見える」とあるが、嘘として成り立つであろうか。②その日の証言が「専務妻が家に侵入して強盗のように見せかけて放火することを依頼した」としたが、これも、嘘のはずである。袴田は、「成り立ち得ない嘘」を自供したのであり、袴田が「嘘つき」ゆえに、嘘の自供をしたものでないとした。
　要するに、9月6日から9月9日までの自供は嘘の連続であり、警察の誘導に基づく、妄想の積み重ねにすぎない。「嘘八百」の羅列は、現場を知らない袴田と警察のなせる業なのだ。
　不変の自供は、検証の結果確認できた状況に関するものだけである。すなわち、犯人がガマ口を普段あるべき土間の机から土間の方に移動させたことであり、同様に、現場で遺留品等として警察が確認してある物（物質）、動かし難い物の存在（雨合羽、クリ小刀、死体の位置）についてである。
　しかし、虚偽の犯行動機の推理にしたがって思いついた犯罪行動のストーリーは、支離滅裂に他ならない。強盗目的で犯行現場に侵入しながら、

多額の金員の入っている金袋ではなく、小銭の入っているガマ口が取りざたされること自体が、ストーリーの破綻を意味する。本件犯行の目的は、窃盗や強盗ではないことが分かるというものである。

　齊藤弁護士は「袴田による自供は、誘導された」と確信した。その根拠として、以下の事項を列挙した。

　1）袴田への見込み捜査
　2）袴田を追い込むための諸工作
　3）現場での諸活動の把握
　4）1、2の意図を3現場の諸情況と結びつけた、袴田犯行のストーリーの虚構
　5）ストーリーの不自然さ

　警察は、いずれ破綻する宿命にある荒唐無稽な虚構を、9月6日から9日にかけて、わずか3日間で修正を重ねて必死にでっち上げた。

　しかし、取調官や捜査官が虚飾だけのストーリーを作成するための労力の一欠けらでも、また、一時でも真実発見のために費やしていたならば、事件は全く別の展開を遂げていたであろう。とはいえ、その出来損ないの完成物が吉村英三検事作成の供述調書に他ならない。

## 4 犯行現場への侵入の怪

### 4－1 侵入経路
（1）袴田の自供

侵入経路に関する袴田の自供は、警察によるストーリーの改変により、著しく転々とし豹変した。松本久次郎作成の昭和41年9月6日付員面調書（二）（1940丁）によれば、以下の通りである。

六　6月30日の午前1時半ころ、パジャマ姿のままで専務の家の裏木戸に行くと裏木戸があけてありました。その時6月26日奥さんからもらったさやに入ったナイフを持って行きました。

七　裏木戸から家の中に入りました。その前に工場の三角部屋からミソのたるに油を入れて持って行きました。

八　自分がトイレの近くまで行って油をすみの方におきました。表に一回出ました。すると奥さんが出てきて裏木戸をしめましたので、自分は屋に登って、勝手場の屋から土蔵の屋根に登り鉄かんのあるところから下に（中庭）とびおりました。

九　そこから勉強部屋から家の中に入って……

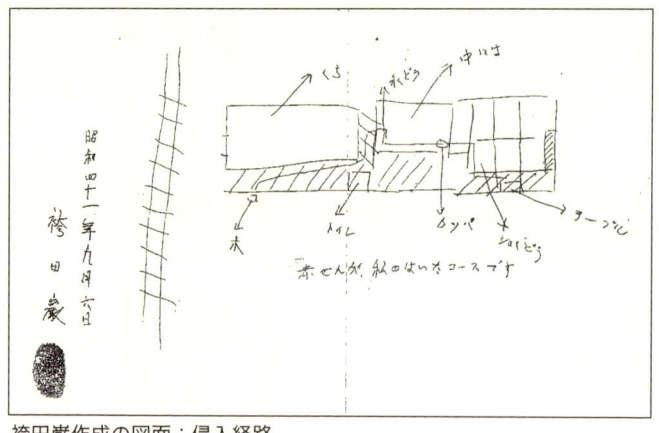

袴田巌作成の図面：侵入経路

それが岩本広夫作成の昭和41年9月9日付員面調書（1954丁）供述調書（一）によれば、以下のようになっている。

十三　自分が裏口のところまで行ったときは、裏の木戸は、まだあいてませんでした。時間にして5分位待つと裏木戸があかり（ママ）奥さんが中から首を出しました。そこから中に入り便所のところに油の入ったポリ樽を置き、そこで奥さんから私が沼津で買って来た刃物をさやに納めたまんま受取り裏口から線路（1955丁）の方に出ました。奥さんは裏木戸の鍵をしたと思います。

十四　それから私は、店に入るについて線路の方から見ると向って右側つまり裏口の右側でひさしの右側に隣りの家の屋敷と思われるところにこの灰皿の内側位の太さ（このとき測してみると拾糎位あった）のなんの木か知りませんが生えてたので、その木を登って店の裏口の屋根のひさしに出ました。ひさし伝いに歩いて土蔵の中庭側のひさしに出ました。そのときはゴム草履を（1956丁）はいていました。土蔵の中庭に面したひさしの眞中あたりまで行くと、下から水道のパイプが土蔵のひさしのところまで来ていることが分かったのです。水道のパイプとひさしは調度一尺位離れておりパイプが動かないようにひさしのところで止めてありました。それで東の方を向き、分りやすくいうと店の裏口の通路の方に「けつ」を向けて左手をひさしに右手をパイプに当てながら両足をパイプに当てるようにするとパイプの下あたりにタイルで出来ている（1957丁）流し台があることが分り足に届きました。このようにして中庭に降りたのですが、それを分りやすくするために図面を書きましたから差出します。このとき本職は被疑者の作製した図面一葉を本調書の末尾に添付することにした。

十五　中庭に降りると中庭を通り勉強部屋の一番右側の硝子戸のところから家の中に入りましたが入る前に入ったところの近くの中庭に着て行った雨合羽を抜ぎ（ママ）捨てました。

（2）吉村英三検事作成の袴田巌供述調書（九）（昭和41年9月9日）
　吉村検事作成の調書は次のとおりである。

四　（前半省略）、自分の部屋のタンスの抽出しからナイフ持ち出して、着ていたパジャマのズボンの腹に差し込んで、こっそり部屋から出て、階段を降りて、いつもはいているスポンジのゴム草履をはいて寮の表に出て、それから工場の出入口の方に行きました。
　五、六　（省略）
七　工場の出入口まで行ったときパジャマのままだと白っぽくて人目につきやすいと思ったので門から外に出る前、横の三角部屋に入り、机の上にあった紺色のゴムの雨合羽を着てくぐり戸を開けて門の外に出ました。
八　そしてしばらく門のところで外の様子を見て誰れ（ママ）も人がいなのを確かめてから、工場の前の線路を横切って、小走（ママ）に専務の家の裏口の前まで行きました。そして、戸口のところに立って、中の様子をうかがひ（ママ）ましたが、人の気配は感じられませんでした。そこで裏口の戸を手で押してみましたが、開きませんでした。
九　そこで屋根から中に入ら（ママ）うと思って、裏口から右の方に廻（ママ）って屋根に登りやすいところを見廻したところ、右手の方の屋根のひさしの近くに木が立っていたので、鉄道の防護柵を乗り越えて隣の家の庭におり、木のところまで歩いて、その木に登り、それから屋根に移り、その屋根から専務の家の中におりやすいところを捜したところ土蔵の屋根のひさしの下にタイルの流しがあり水道の鉄菅が、ひさしのところまできていたのでひさしと鉄管に手をかけ流しに足をかけ横になって下に降りました。
一〇　家の中をみたところ、ピアノのある部屋に豆電気がついている様に見えましたが、だいたい暗い状態で、人が起きているような様子はみえませんでした。
一一　それから、お勝手の横の戸を開けようとしましたが、開かなかったので、辺りを見廻しところ、中庭に面した勉強部屋の右端のガラス戸が少し開いていたので、そのガラス戸をこっそり開けて勉強部屋に入り、

その奥の食堂と境のガラス戸を開けて食堂に入り、そこから土間に出ました。

唯一、任意性が認められたとする吉村検事のストーリーについて、現場の状況に合わせて侵入の流れを整理すると、以下のようになる。
①「裏口の戸は開かなかった」→②「裏口から右の方に廻って登りやすい所を見まわす」「右手の方の屋根のひさしの近いところに木が立っていた」→③「木に登り」→④「屋根に移り」→⑤「その屋根から専務の家の中庭に面した土蔵の屋根に行き」→⑥「中庭におりやすいところを捜したところ」「土蔵の屋根の下にタイルの流しがあり鉄管がひさしのところまできていた」→⑦「ひさしと鉄管に手をかけ流しに足をかけ横になって下に降りました」→⑧「中庭に面した勉強部屋の右端のガラス戸が少し開いていたので、そのガラス戸をり開けて勉強部屋に入り」

（３）侵入口に関する警察と検察のストーリーはあり得ないこと
　犯人が従業員であることを可能にしようとして、犯行現場に侵入するときのストーリーが形成された。
　以下では、開かない裏木戸から犯行現場に至るまでの行動を順次、写真を手掛かりに検証する。それに際して、当夜の現場状況、袴田が着用していた着衣などを念頭に入れておく必要がある。
　事件が発生した1966年6月29日深夜から30日にかけては、熱帯夜と呼ぶべき蒸し暑い夜であった。まず、袴田の犯行の出で立ちに注目する必要がある。警察と検察の当初の犯行着衣は白いパジャマであり、その着用の発想には一理ある。しかし、無論、真実に反する。読者におかれては、パジャマの上に重い雨合羽をはおり、スポンジゴム草履を履く姿を想像して欲しい。しかも、パジャマのズボンを覆い隠すことができる雨合羽ではないのだ。
　この姿も奇想天外だが、さらに、後に突然味噌タンクから出てきた５点の衣類と雨合羽とスポンジゴム草履となると、狂気の沙汰といわざるをえない。ブリーフの上にステテコ、その上に冬用ズボン、Ｖ襟のメリヤス製

の半袖シャツと長袖のスポーツシャツという姿である。誰が一体、熱帯夜に冬用の純毛製の厚いズボンを着用するだろうか。さらに、警察は袴田にこのコスチュームで木登りさせるのだ。そして、袴田は真夜中に持ち手のないガソリン入りのポリバケツを持って侵入・移動するというのだ。

続いて、吉村検事作成の侵入経路についてのストーリーにしたがい、順次現場を追ってみよう。忘れてはならないことは、現場は真夜中であり、ほとんど真っ暗闇だと言うことである。無論、袴田は、梟ではない。

① 「裏口の戸は開かなかった」

裏口の遠景

裏口

②「裏口から右の方に廻って登りやすい所を見まわす」「右手の方の屋根のひさしの近いところに木が立っていた」——なんと恐るべき視力ではないか。

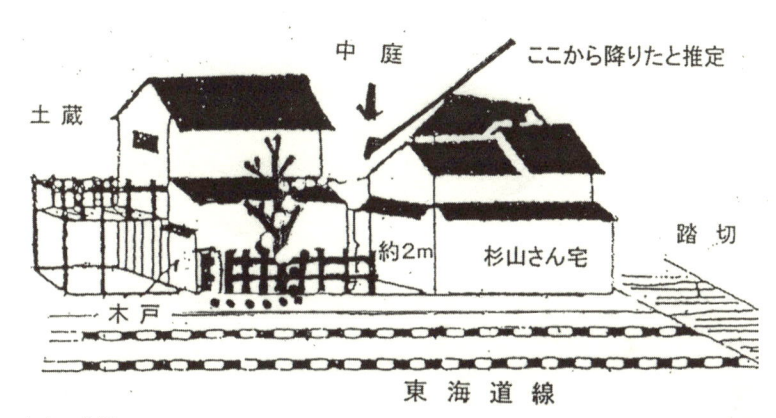

立木の位置

立木の前にある草むら

楓の木

第2部　徹底検証・袴田事件の真実

③「木に登り」——暗闇のなかで袴田は木登りをした。この時、袴田はスポンジのゴム草履を履いていたはずだ。なぜ検証のときは、真昼に検面調書とは異なる着衣と状況で実施されたのか。検証時の写真があるのは、この登ろうとしているところだけである。真昼のように視界はよくないはず。なぜかハダシでシャツ姿。さらに、雨合羽を着ていない。これでは実証検分とはならない。しかし、裁判所は「検証された」とした。

検証で木登りを試みる署員

同左

④「屋根に移り」──土蔵の左側にある屋根のこと。

屋根

⑤「その屋根から専務の家の中庭に面した土蔵の屋根に行き」

土蔵の屋根

⑥「中庭におりやすいところを捜したところ」「土蔵の屋根の下にタイルの流しがあり鉄管がひさしのところまできていた」——この屋根から降りるというのだが、どうしたら下が見えるのか。降りるところは、どうなったのか。

下から見た屋根と鉄管（右下）

下には流しがある

⑦「ひさしと鉄管に手をかけ流しに足をかけ横になって下に降りました」
──時は真夜中である。こんなに足場の悪い所をどうしたら草履履きで対応できるのか。

つかまって降りた鉄管
とその足場

⑧「中庭に面した勉強部屋の右端のガラス戸が少し開いていたので、そのガラス戸を開けて勉強部屋に入り」──この本棚のあるところから侵入したというのだ。袴田は「忍者」か「ゴキブリ」か。

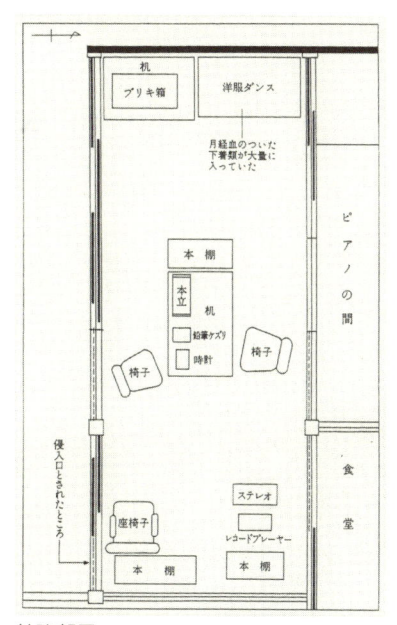

勉強部屋
出典：山本徹美『袴田事件』（悠思社）

侵入口

第２部　徹底検証・袴田事件の真実　95

警察が妄想を働かせ、吉村検事が検面調書に示した侵入のルートは、このようなものである。改めて、驚きを禁じ得ない。
　地裁判決も、「侵入の可否を実証検分しており、侵入が可能であったと認められ、自白に添っているから事実に間違いない」と言うが、一体誰がこのようなルートで侵入できるであろうか。袴田犯人説は、既にこの侵入経路だけでも完全に瓦解している。

(4) 道路に向いたシャッターの鍵はかかっておらず開いていた
　袴田は1966年11月15日、静岡地裁刑事部の第1回公判で、犯行を全面的に否定した。犯人従業員説をめぐり、弁護側と検察側の間で激しい攻防がなされた。検察側は既述したとおり、木登り、屋根伝い、裏木戸の図式を展開した。
　これに対して弁護側は、そもそも、被害者宅の道路に面した「シャッターは鍵がかかっておらず開いていた」ことを立証した。犯人は、被害者宅の表口から悠然と入れたのである。
　まず、「店先にあった電話」は、「前の道路で発見」され、「引きちぎら

被害者宅の表口

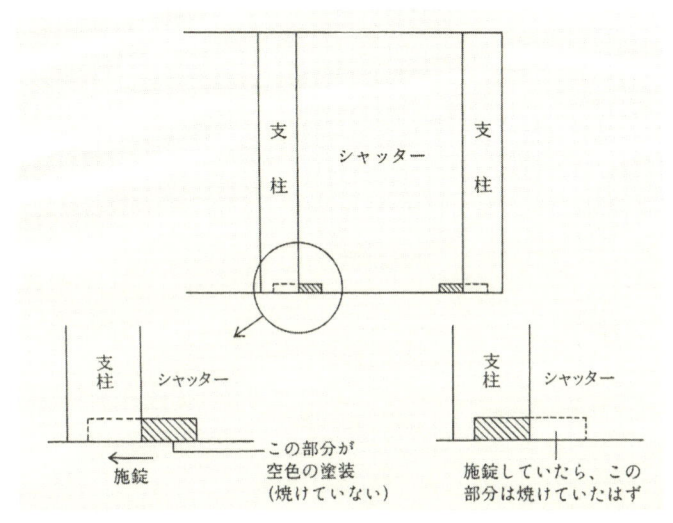

シャッターの鍵
出典：山本徹美『袴田事件』（悠思社）

開錠されていたシャッター

れていた」（静岡新聞昭41.7.8）。犯人が早期の発覚と逃亡のための時間稼ぎをしたことが読みとれるというものである。被害者宅の隣人である杉山新司は、シャッターの「開け方を知ら」ないと供述した（昭41.7.3）。火事で駆けつけた深沢守一は、「シャッターはガラガラとあきました」「中

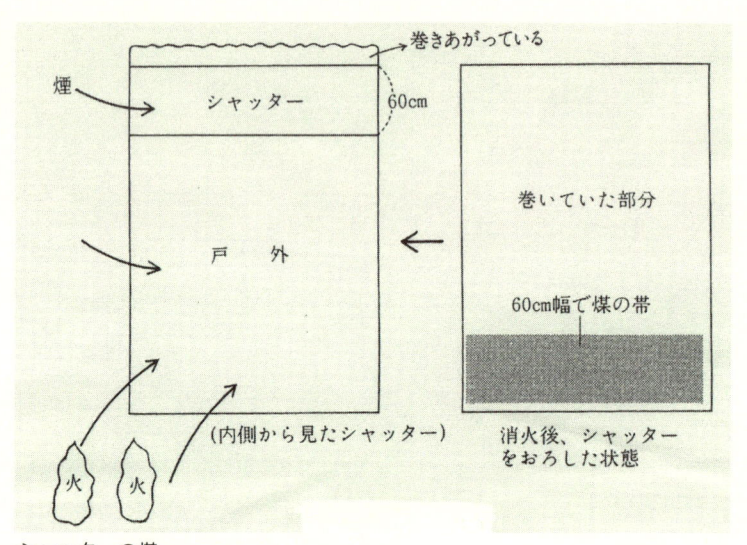

シャッターの煤
出典：山本徹美『袴田事件』（悠思社）

から煙が出てきた」「シャッターのすぐ奥にあるガラス戸が開いていた」と証言した（昭41.12.9静岡地裁第2回公判調書、検証調書でも立証済み）。井上利喜雄は、「シャッターはおりていました。それを自分が上に上げました」（昭42.2.24静岡地裁第6回公判調書）と証言した。

「表口は開錠されていた」。これは動かし難い事実のはずである。

表口の開錠については、具体的に証言をする者がいるのみならず、シャッターの焦げ方とも一致する。しかし、これらの証言と物証に対する、警察のリークに基づ

シャッターの煤

く反対趣旨の報道が始まる。そして、各紙とも「シャッター締まり説＝結論的に施錠説」に至る。「締まっていたよろい戸」（毎日、見出し）、「鉄のシャッターが、がっちりしまっていて中に入ることができなかった」（静岡新聞、本文）。マスコミが犯人内部説に加担するのだ。

## 【昭和41（1966）年7月11日　静岡新聞】
しまっていたか表口
犯人はまずどこから家の中へいったか

　C　裏木戸付近から屋根伝いに侵入したとみるべきだろう。国鉄の焼きグイが一杁五十㌢近くもあり、屋根に登ることは容易だ。中庭に飛び降りれば苦もなく家の中にはいれる。逃げる時はプロパンガスのボンベを足がかりにしても屋根に登れるし、放火する前に足場を用意しておくこともできる。

　A　裏木戸もシャッターもカギがかかっていたとするならば、屋根が通路とみるべきだろう。両隣の屋根とも通ずるし道筋はいくらでもある。

　B　私は長女の○○さんが旅行から帰ってきた時にシャッターが開かなかったのは確実だと考える。○○さんは家にはいれなかったので涙を流して離れに行ったほどだ。そこで推理すればその時すでに○○さんを家の中に入れない方がいいという事態が進行していたのではないか。とすれば犯人は裏口も屋根も必要はない。他人に来られては困るようなめんどうな話し合いだったため家族の者がシャッターのカギをおろしておいたと解釈すればあとは犯人の自由だ。

　C　えん恨説の場合はそれも可能だ。消防士が先入観でカギがおりていたと錯覚しないでもない。

　例外は読売新聞であり、真実を伝えた。
「１日の現場検証で専務の表のシャッターのカギの焼具合から、カギがかかっていなかった」。シャッターは上がっていたことが写真で確認される。「すすをかぶらない原色の空色の塗装部分が現れ」、鍵が「西へ一杯で寄せられた状態」となっており、開鍵されていたことが確認できる。

　また、専務宅のシャッターの内側を見ると、下から60センチの所まで

内側から見たシャッター(降ろしたところ)

シャッターの上部：ブレーカー

煤けている。上まで巻き上げられたことに疑問の余地はない（清水警察署春田龍夫警部補の検証調書）。犯人はここから侵入できたのだ。

　シャッターの上部には4台のブレーカーがあり、いずれも落ちている。犯行後、開いていないとされたシャッターの内側にあったブレーカーの切断は何を意味するであろうか。消防の必要上の切断でないとすれば、犯行前後に専務の自宅内部に詳しい者が、これらを切断したことになる。電話線の切断と軌を一にするものと言えよう。

（5）ガラス戸も開いていた

　犯人は犯行にあたり、道路に面した玄関口から入り、犯行後堂々と逃走した。犯行のために、裏木戸や木登りを利用したことなどあり得ないのである。道路に面したガラス戸を注視して欲しい。

　「東から1枚目のガラスと2枚目のガラス戸は、2枚重なるようにはまっていたのであり、木の部分が焦げてくろく変色している」

　「東から3枚目から4枚目までのガラス戸は、ねじ込み錠のかかったまま内部に倒れ、最も西の一枚は敷居にはまっているが、『めねじ』の部分がむしり取られたごとく金具がない。その『めねじ』は倒れている4枚目の『おねじ』にはまっているところから、この3枚の戸は、いずれも施錠され、西へ一杯寄せられていたことが確認された」（清水警察署春田龍夫警部補の検証調書）

　要するに、東から2番目の戸は、開いていたということである。

　戸が開かれていたのは火災前であるか否か。白い鴨居がそれを解く鍵を提供した。「このガラス戸の鴨居の部分は、3本の溝のうち最内部が、東から1.26㍍、中間が1.19㍍それぞれ変色せず白く木肌が残っている」（捜査記録10頁）。鴨居の3本の溝の部分が焼毀しているが、白い木肌が残存していたことは、2枚の戸が重なり合っており、火炎の照射が遮られた事実を示す。春田警部補の結論、すなわち、「シャッターの内部のガラス戸は鴨居のすすの膠着状態から見て、〈中略〉東から1.26㍍から西へ90センチにわたり開放されていた」ことを知りうるのである。専務宅のシャッターもガラス戸も開いていたのだ。

（6）裏木戸を巡る嫌疑と偽装工作

　裏木戸（専務宅の裏口にある頑丈な戸）に関する警察と検察のストーリーとその立証作業も、袴田が無実であることを明らかにする。吉村検事が調書に記載した内容が事実に反すること、そして、警察ではその内容が真実であるかのような実験結果報告書が偽装されたこと、さらには、第一審および第二審裁判所もその報告書の真実性を認めていたことにも注視し

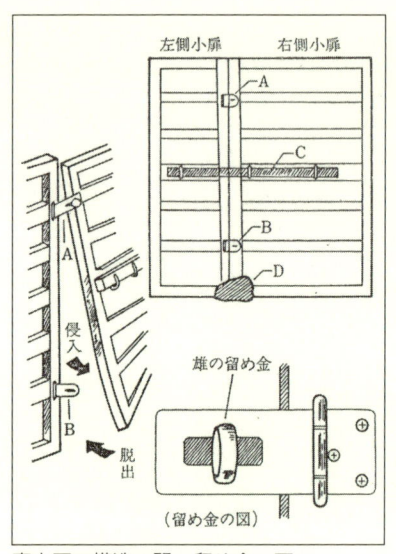

裏木戸の構造：閂、留め金、石
出典：山本徹美『袴田事件』（悠思社）

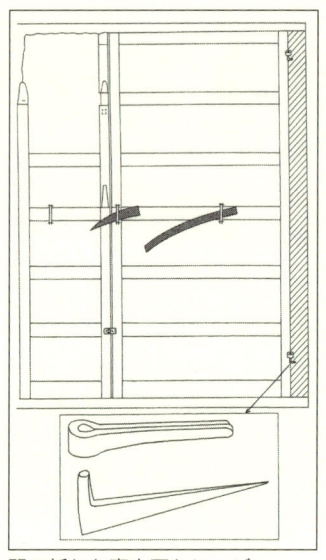

閂の折れた裏木戸とヒンジ

焼けた閂と裏木戸

ていただきたい。
　吉村検事の調書の19は、［裏口までの逃亡、裏口からの逃亡］についての箇所である。
「それから私は仏壇のある部屋に引返し附近にナイフをほうり出して畳

の上に落ちていた三つ位の金袋を両手で拾い、それを両手で持って走って裏口まで逃げました。そして金袋を下に置いて、戸が開かない様に差し込んである、棒を右によせて、戸を内側に引っぱって開け様としましたが開かないので、下を見たところ戸が開かない様に石が置いてあったのでそれを手でどけて、さらに戸の下の方についていた、がちゃんと引っかける様になっている鍵を開けて、戸をひっぱったところ、上の方は開きませんでしたが、下の方が体が出入りできる位開いたので、金袋を拾って、そこから外に出ました」

　ここには、警察と検察の苦肉のストーリーが見られる。しかし、非現実的であることは一目瞭然である。

　①裏木戸は表から開かなかった（近所の人の証言）→②袴田を裏木戸から出入りさせる必要がある（シャッターに鍵がかかっていると言ってしまったから）→③カンヌキがかかっていても、カンヌキを外させた。石をどかせ、下の鍵（留め金）も外させた→④上の鍵（留め金）を開ければ全開となり、これでは①に論理的に矛盾しストーリーが破綻する。そこで、上の留め金を外さないでも、侵入できると強弁しようと試みたのである。

　まず、袴田の供述のうち、「戸が開かない様に差し込んである、棒を右によせて、戸を内側に引っぱって開けようとしました」は嘘である。棒を右によせていない。閂の箇所を見れば、閂が差し込んであることを確認することができる。

　事件や職場の関係者にも、閂を外すために棒を右に寄せたとの袴田の供述が嘘であることを証言する内容が存在する。例えば、「この扉の合わせ目（西）の木枠の一部が、まわりの木が焼けて感化し亀の子状を呈しているのに、はぎとられていて焼けない木肌がでている」「閂が二つに折れたまま残っている（東扉の閂部分中央が開けていない）」（黒柳警部補検証調書、「こがね味噌」従業員、消防団員）。

　捜査報告書31頁では、「『かんぬき』の角材は全く残っていない」とあるが、写真で確認できるようにこれは虚偽の内容である。そして、7月1日付中日新聞によれば、沢口特捜本部長の談話でも、「裏口の木戸も内側からカンヌキがかかっていた。犯人はどこから出たか不明だ」と報じられ

残存している閂部分の拡大図

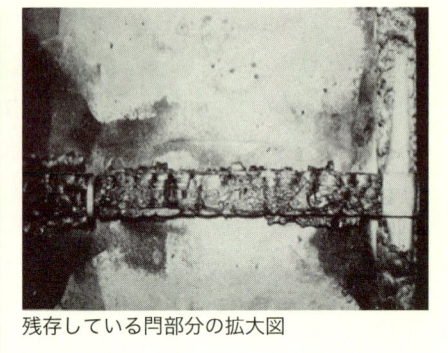

裏木戸の閂部分

ていた。

(7) 警察の作成した隠蔽写真

　ところが、9月9日付の吉村検事の調書では、珍無類の「裏木戸からの脱出」劇を創り上げる必要に迫られた。すなわち、この裏木戸には、閂の他に観音開きになる中央部の上部と下部の二箇所に留め金がある。袴田はその留め金の下部だけしか開けなかったというのだ。上部の留め金は外さず、下のすき間を作って脱出したというのだ。しかし、上の留め金が外れていないということは、裏木戸からの犯人の出入りができなかったことになるはずである。そして、この検証結果の不可能性は、すでに実験済みである。

　上の留め金がかかっている状態で人の身体は入る程度まで開かない（前田鑑定書）。無理をすれば、上の留め金のネジ釘は抜けてふっとぶこととなろう。写真工学上も、人の身体が入る程度の戸のすき間の状態でも、上の留め金は外さざるを得ないという（横田鑑定書）。

弁護団による再現実験　　　　　警察の実験写真

　ところが、後から判明したことは、警察が裏木戸から侵入することができたかのような偽装工作をし、上部の鍵を隠した（留め金を写していない）写真を用いた、ということである。弁護団は再審に向けて、このような脱出口のカラクリと警察による不都合な部分の隠蔽写真を暴露した。
　ところが、裁判官はこの実験結果を見て見ぬ振りをした。そして、再審の裁判官もこれを追認した。
　警察と検察は、さらに、このような状態の裏木戸から入れる状況があったと偽証をさせている。
　「15センチか、20センチ」「（どちらが広いか？）ええ下の方が」（昭42.1.27静岡地裁第4回公判調書「こがね味噌」従業員M）
　「真ん中が10センチ」「ちょうど、外れるような感じでした」（昭42.4.6静岡地裁第9回公判調書「こがね味噌」従業員K）
　「横に2尺くらい、人の通れる位」（昭42.2.24静岡地裁第6回公判調書「こがね味噌」従業員O）

(8) ポリバケツには持ち手がない

ガソリンをポリバケツに入れて運ぶというストーリー作成の発想にも、驚きを禁じ得ない。真夜中に、蓋もなく持ち手もないポリバケツで、これを運搬するというのだ。白昼堂々でもあり得ない話であろう。

　さらに、ポリバケツの形態に疑問があると言いたい。弁護団が再審のための裏木戸実験に用いた際は、持ち手がついたポリバケツが使われている。確かに、蓋のないこのようなポリバケツであっても、そもそも裏木戸を通ることなど不可能であろう。まともに、ガソリンをこぼさずに運べるはずがないのである。

　そして、被害者宅にあった、袴田が使用したとされる味噌樽（バケツ）には、持ち手など存在しない。だから、このバケツにガソリンを入れて静かに運ぶとしても、両手で抱えて持つしかない。味噌工場や台所、中庭に所在するバケツは、いずれも持ち手のない、蓋のないバケツである。結局のところ、侵入経路や混合油の運搬の方法は、すべて疑問だらけであり、実現の可能性は絶無と言わなければならない。

東洋大学チームによる実験：ポリバケツを抱いて入れるか？　ガソリンはこぼれないのか？

ポリバケツ（樽）
（持ち手がない）

味噌バケツ
（工場に山積み）

## 4-2　雨合羽

　雨合羽は火災発生後、消火活動の時点で現場に置かれたものである。袴田の犯行着衣ではあり得ない。

(1) 無意味な雨合羽

　着衣に関して警察の偽装工作を象徴する物は、パジャマであり、雨合羽であり、5点の衣類である。犯行着衣の5点の衣類への差し替えにより、パジャマに関連する警察と検察の思惑は完全に瓦解したはずである。したがって、無用となったパジャマやその上に着用したとされる雨合羽について検討することは、無益であると思われるかもしれない。
　しかし、袴田を罪に陥れるために警察がこらした術策を明らかにしておくことが、袴田無罪の核心となる。警察の犯行着衣に係る創意工夫を見ることにする。
　警察と検察の作文の都合で二転三転する袴田の供述の変遷をすべて紹介することはできないので、9月8日以降、唯一証拠採用された検事調書を

雨合羽の発見現場

雨合羽

第2部　徹底検証・袴田事件の真実　107

含む部分を引用する。

「パジャマの上に雨合羽を着て小刀を持って専務宅に向かう。雨合羽を着た理由は、『変装』のため」（8日調書）、「パジャマのままだと白っぽくて人目につきやすいとおもった」（9日の検事調書）からだというのだ。

中庭で雨合羽を脱ぐ（この時鞘をポケットに入れた）のだが、その理由には微妙な変遷がある。

8日の供述では、専務宅に侵入する前に、「ゴワゴワ音がして店のものに見つかってしまうということ」と、「あんなものを着ているときゅうくつというか、身体が自由に動けないので」脱いだとされている。

これに対して、9日の検事調書では、雨合羽を着たままいったん専務宅に侵入し、しばらく様子をうかがっていたところ、「身体を動かすと合羽がごわごわ音をたてるので」中庭に出て雨合羽を脱ぎ、再侵入したとされている。

火事現場に残されていた雨合羽をよく見て欲しい。雨合羽の下には、焼却灰が堆積している。

（2）雨合羽を着用した目的

袴田は雨合羽を着用した目的を、最初は変装、次いで、パジャマが白っぽかったので目立つからそれを隠すためであるとした。しかし、パジャマは上下で着用したはずであり、隠すためには、雨合羽の下も着用する必要があるはずである。

また、犯行着衣が5点の衣類に変更された後は、雨合羽の必要性が消滅した。ズボンは鉄紺色（黒色様）であり、これを着用すれば目立つことはない。また、ズボンを着用すれば、クリ小刀を運ぶために雨合羽は無用である。

なぜ雨合羽がわざわざ使用される必要があるのか。全く理由がないのだ。しかも、雨合羽から指紋も出ず、目撃者もいない。ただ、袴田の自白だけであり、その自供を裏付ける証拠物も皆無である。

（3）雨合羽とクリ小刀の関係

中庭の端に雨合羽が落ちていたとされたことにも、注目する必要がある。まず、中庭に雨合羽があったことと、その下にあったガラス片が焼け

鞘

て黒く変色しているという事実は、重大なことを示している。私はこの雨合羽が、犯行前、すなわち放火の前にこの場所に捨てられたのではなく、消火活動の時に使用され、何らかの理由でこの場所に移されたと理解する。

雨合羽が発見されたことについての静岡新聞の記事（7月2日付朝刊記事）は、以下の通りである。

「この雨カッパは、専務が焼死していた場所から8メートル中庭寄りで見つかった。カッパは焼けたあと消化作業で裏返しになったような形跡があり、焼けた一面が下になっていた」。そして、次女の死体「1メートル足らずの位置」から泥にまみれた「短刀のサヤが見つかったためクローズアップされ重要な資料となっている」はずだった。この木製の「短刀のサヤについて、『同雨ガッパのポケットから抜け出たと見るのが妥当だ』と警察本部が言っている」。

ところが、突然「雨合羽」と「ポケット内にあった鞘」がセットで出現した。クリ小刀の刀身と一致しない間に合わせの鞘の雨合羽ポケットからの発見の筋書き、これこそ、二重・三重におよぶフレーム・アップであることを示している。

「ここにおいて、この『くり小刀』と認められる刃体は、本職が昭和41年6月30日実況見分した中庭の遺留品雨上衣のポケット内にあった鞘と関連あると思料され、本件の凶器と認められたので、差押許可状によりこれを

雨合羽と鞘

第2部　徹底検証・袴田事件の真実

本職が差し押さえた」（実況見分調書）。

　1メートル足らずの位置に泥にまみれた短刀の鞘が見つかったはずと報道されたものが、いつの間にか、なぜか雨合羽のポケットの中に収まっている。しかも、何ら焼けた痕もない。

　「現場の中庭は、東西に5.2メートル、南北に3.82メートルの広さで（中略）北東隅の勝手場入り口、ガラス戸近く、雨衣の一部焼けたものが水に濡れて存在する」「雨衣は右前ポケットの部分を上にして、焼けた部分が北側の状態で置かれている（中略）右ポケットには蓋の部分に一個のホックがあり、かかっていないので蓋を持ち上げるとポケット内に縦に木の、鞘のようなものが入っており先端が見える」（春田警部補昭41.6.30検証調書）

　そもそも、犯行直前に鞘を抜けばよいのであり、わざわざ抜き身の小刀を持ってうろうろなどしないのである。しかし、クリ小刀は凶器と発表され、その鞘が雨合羽のポケットにあったこととなり、この雨合羽もまことしやかに「犯行に関係がある」着衣と位置づけられた。

（4）雨合羽の発見状態

　雨合羽の下にあったガラス片が焼けて黒く変色しているという事実は、何を物語るか。事実は、火災を受け、あるいは消火活動によって破壊されたガラス片の上に、この雨衣が置かれたということである。発見当時、雨合羽には「表面全体に細かい灰、炭化物、泥水がかかって」いた。要するに、雨合羽は犯人により犯行前に発見場所に持ち込まれた物ではないということである。

## 5　犯行着衣とされたパジャマ

### 5－1　パジャマと血痕

(1)「科学捜査の勝利」という虚偽

　本件において犯行着衣は当初、パジャマとされたが、これは事実に反する警察の捏造だった。さらに引用した1966年8月19日読売新聞静岡版で確認したように、マスコミにリークして騒がせ、袴田が犯人であると印象付け、挙げ句の果てに、パジャマが犯行着衣であることを全面否定したのだ。

　当初の警察発表では、「パジャマには肉眼的には、血痕らしき物は認めることができなかった」(県警刑事部の捜査報告書)はずである。

　ところが、県警は「血痕」も見えない段階で、「本件と関係あると思料される血染めの上下パジャマ発見」との報告をした(澤口金次郎清水署長への捜査報告書(森田政司巡査部長)昭和41年7月4日午前9時30分

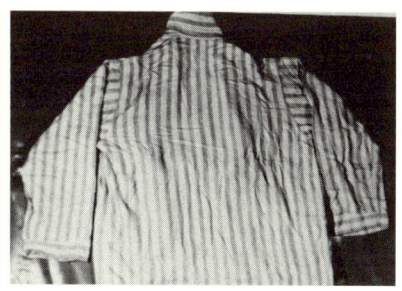

パジャマ（上着・前方）　　　パジャマ（上着・後方）

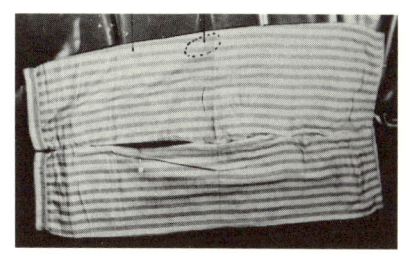

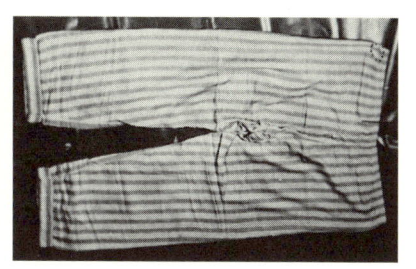

パジャマ（ズボン・前方）　　パジャマ（ズボン・後方）

頃)。

　「科学捜査の勝利」「動かぬ証拠」「寮の被告人の部屋から血痕の付着したパジャマ」が発見された（県警刑事部の捜査報告書56頁）とのリークがなされた。

　多量の血こんがついている？　一体どこについているというのか。

毎日新聞、昭41.7.4

毎日新聞、昭41.7.5

（2）血痕鑑定の欺瞞

　4人を殺害し、相当な返り血をあびているはずの着衣のかくも広い部分について、鑑定のために切り取る必要が生じるということは、相当量の血が付着していないということである。

　1966年7月4日、清水署富安要刑事課長から静岡県警刑事部鑑識課法医学理化学研究室鈴木健介技師に鑑定の依頼がなされた。

　鑑定対象は、①国防色木綿作業衣1枚、②木綿日本手拭1本、③男物白タテ縞模様パジャマ上下1着。

　鑑識の目的は以下の3点である。
　1）①②③に血痕が付着しているか。
　2）付着しているとすれば、それは人血であるか。
　3）人血であるとすれば、その血液型は何型か。

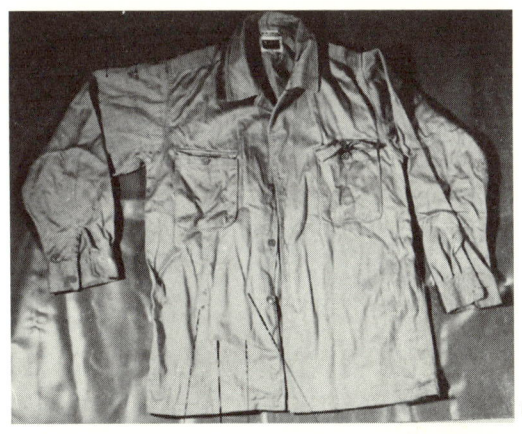

「血のついた」作業服（前方）

鑑定のために一部切り取られた作業着

第2部　徹底検証・袴田事件の真実

まず、鑑定の着手日に警察の作為が見て取れる。その日は7月4日（昭42.5.9静岡地裁第11回公判調書、鈴木証言）のはずである。ところが、県警捜査記録では7月4日に押収、「7月5日鑑定に着手した」（捜査記録60頁）とある。このことから、「血染めのパジャマ発見」とマスコミに発表した県警の作為が知りうるであろう。
　鑑定では、袴田が犯人であることを推認させる結果が出たとされた。しかし、後日これらはすべて否定される。警察は、パジャマが犯行着衣であることをすべてがでっち上げだと自ら認めた。パジャマは袴田を犯人にするために偽造され、虚偽の鑑定で上塗りされたのである。虚偽の鑑定内容とは、以下のとおりである。

①パジャマの右肩の少し前の下方部分「約5.5センチと3センチぐらいのカギ裂」→ルミノール反応（蛍光反応）
②パジャマの胸ポケット、胸ポケットの下部分を小さく切り取る→ベンチジン試薬による反応（濃い青藍色）
③パジャマのズボン（ゴムひもがすっかり延び切って入る）に血痕らしいものは付いていない→ルミノール反応（蛍光反応）
④パジャマのズボンの左後の腰の部分（濃い青藍色）
⑤「抗人血血清試験」（人蛋白が抗人血血清に反応してその血液のまわりに白い燐の輪が生ずる）

　パジャマの上下から、この白色輪が生じたというのだ。しかも、「反応は陽性」であり、血液型判定が行われる。これらは、すべてでたらめの作文なのである。しかし、これを信じる人々がいる。それが本件の裁判官たちなのだ。

（3）被害者の血液型の検出
　鑑定の結果、パジャマの上衣左胸ポケットからAB型、ズボン右膝からA型、国防色木綿作業衣の右前ポケットと右肩の部分からB型、日本手拭からAB型の血液が検出されたという。被害者の血液型は、専務A型、

妻B型、長男AB型、次女O型である。次女以外のすべての血液型が検出している。パジャマが犯行着衣であったとしても、こうしたつき方をしていること自体、重大な謎である。

　このような警察による「いかさま」または「やらせ」鑑定の前例は、多数にのぼる。軽罪を含めると、この手法による冤罪被害者は枚挙に暇がない。足利事件の菅家利和さんのDNA鑑定、飯塚事件では、同じ鑑定方法で死刑判決を受け、既に執行された久間三千年さんもいる。弘前事件（三木・古畑鑑定）、そして、留置場内に警察のスパイがいて、やはり布団に血痕を付着させ、さらに件の古畑鑑定が登場した松山事件などもある。さらに、悲しむべき幾多の救われていない事例も存在する。

　警察は証拠物を押収した後で血痕を付着させる「事件後の工作」を行う。足利事件のDNA鑑定についても、弁護人側からの鑑定の機会はなかった。弁護人からの鑑定はできないのだ。既に死刑を執行された飯塚事件のDNA鑑定も極めて疑わしい。警察の鑑定がすべてであるというのは、システムの問題であり、これが日本における冤罪の温床なのだ。

　袴田は、「パジャマ姿で犯行を行った」と供述したはずであるが、警察はこれを犯行着衣であるとして血液型と油質の鑑定までさせ、袴田を犯人と断定して逮捕し起訴した。ところが、とどのつまりパジャマは、本件の犯行着衣でないことにされた。

　そして、重要なことに、後日発見される5点の衣類について、油質は発見されないとの鑑定がなされた。地裁の篠田鑑定「『混合油が同質』との科学的証明」も崩壊した。

　第一審の公判中に工場の味噌タンクから唐突に5点の衣類が発見されたとし、犯行との関連が疑われたため、検察は犯行筋書の大幅な変更を迫られ、訂正した。冒頭陳述での検察側主張を見てみよう。

　「鉄紺色のズボン、黒のスポーツシャツの上に雨合羽を着て犯行を行なう。雨合羽を着た理由には、特に言及なし。自室に戻ってパジャマに着替えた。このとき、血液と油が着衣からパジャマに付着した」

　一審判決の事実認定は、検察のそれとは違っている。新たに発見された5点の衣類からは、放火に使われた油が発見されなかった。そのため、判

決は検察の主張とは異なる事実認定を行っている。すなわち、殺人を犯した後、いったん自室に戻ってパジャマに着替え、その後放火に及んだというのである。裁判所は、どこまで検察に媚を売れば済むというのか。すでに、自ら司法の道を踏み外しているというのに。

## 5-2　パジャマと油

　袴田は、放火をするときに用いたガソリン、その容器、運搬方法、侵入経路について、以下のように供述していた。
　「工場の通路の横に積んであった味噌を入れる8キロ入りのポリ樽を持って来て三角部屋にあった、石油缶の蓋をねじって開けてポリ樽にガソリンを8分目位入れて、それを両手で持って、潜り戸から門の外へ出て、……専務の家の裏まで行き、ポリ樽を置いて、手で戸を押し開けて、先にポリ樽を通路の中に入れてから、自分も通路の中に入り……」
　この供述に示される、石油缶、ポリバケツ、ガソリンなどについて、警察の鑑識に重大な疑義が生じた。袴田のパジャマ、被害者の着衣などの検体の油質鑑定は、東京高裁でも論議の対象となった。ここではその一部を紹介する。

（1）これまた、科学捜査の底力？

**【昭和41（1966）年9月17日　静岡新聞　朝刊】**
油の中に解決のカギ　捜査陣、奥の手を披露　清水の一家四人強殺放火事件
"添加物"分析で勝負　貴重な経験　科学捜査の底力
　清水市横砂の一家四人強殺放火事件は混合油の添加物を分析することに気づいたことが解決への最大のポイントだった。「この分析結果と血液の分析結果とを合わせれば容疑者袴田巌の犯行をじゅうぶん証明できる」と県警高松本部長は十六日はじめて捜査陣の奥の手を披露した。同本部長はさらに「この分析を犯罪解決のキメ手に生かした例は少ないので、貴重な経験だっ

た」とつけ加えた。

　同事件の捜査は、被害者の返り血と放火に使用した油の分析が勝負どころだった。事件後5日目の7月4日に工場従業員寮から見つかった袴田のパジャマに、血液と油が付着しているとわかり、県警本部鑑識課法医理化学研究室（鈴木完夫室長）で日夜をわかたぬ分析作業が続いた。血液は、数日後に"袴田のパジャマに袴田（B型）以外の血液（A型とAB型）が付着していた"との結果を得たが、パジャマがよく洗たくしてあったため資料が少なく、犯行を直接証明できるまで分析を進めることができなかった。残された道は、パジャマから出てきた油と現場の油とを結びつけ、その結果から油の入手ルートをたどることだった。

（2）油質の成分

　当初犯行着衣とされたパジャマに付着した油の成分の鑑定も、警察による偽装工作であることが判明した。篠田鑑定により提出された「混合油と妻抽出油」の赤外線分光分析による値や結論は、科学的信憑性に欠如するとされたのである（東京高裁昭46.2.9第7回公判調書）。

　地裁段階における鑑定人は、篠田勤（静岡県警察本部法医理化学研究室鑑定医）である。鑑定方法は、4種類の方法（赤外分光分析試験、ガスクロマトグラフ分析試験、発光分光分析試験、蛍光分光分析試験）である。

　袴田のパジャマに付着した油質をガスクロマトグラフで検査したところによれば、成分比率はガソリン18、オイル1だという。このガスクロマトグラフ分析試験のピークの数値結果では、油類の同一性の証明は困難であるはずだが、第一審では、油質の同一性が肯定され、「袴田の作業着、パジャマ、手拭いについていた油類の同一性が推定される」とした（昭42.5.9静岡地裁第11回公判調書）。

　この篠田鑑定に対する、阿部博科学研究所技官の袴田のパジャマの油質鑑定によれば、「パジャマからガソリンは出てこない」「炭化水素油あるいは揮発性油は検出され」なかったのであり、出光石油系"アポロガソリン"と同系の"アポロバイクルブ潤滑油"などと「ガソリンメーカーまでは特定できなかった」のである（昭46.2.9東京高裁第7回公判調書）。

しかも、1号タンクから発見された5点の衣類からは、油質の成分は一切発見されなかった。いずれにせよ、地裁段階における「混合油が同質である」との篠田鑑定の科学的証拠は、ここでも崩壊した。

### (3) 犯行現場に残された石油缶

犯行現場には石油缶が残されていた。中身はガソリンである。

調書には、「裏口から通路を奥に7メートル」「通路の便所前で、4リットルのブリキ製石油缶一個を発見」「『SELF-MIXING』と記された角缶」(死体から約1メートル、足下にころがっていた)「この付近の土砂の厚さ、10センチから15センチ位の土砂」「4リットルの内3.6リットルくらいは消費」とある。

この石油缶には見落としそうな小さな文字で、「シェル印の4リットル入り缶」(検証調書にも差押調書の中にも「シェル印」)とある。専務が殺害されていた現場から1メートル足らずの場所に残されていた。しかし、なぜか不純物の入っていない工業用ガソリンの入ったこの石油缶は黙殺されるのだ。警察に不都合な石油缶であるからであろう。袴田の着衣に染みこんでいたとされる混合油と被害者の着衣等のそれに同一の油質が検出されるかの分析は、極めて簡単なはずである。

警察は専務の死体の付近

専務殺害現場
出典：山本徹美『袴田事件』(悠思社)

にあった「シェル印の4リットルの石油缶」を黙殺し、わざわざ工場内にあった混合油を取り上げ、袴田がそれを持ちだし、現場で放火するために使用したとの筋書きを立てた。

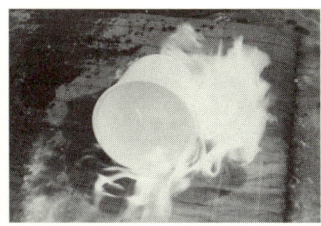

実験される混合油入りポリバケツ

十文字にしばられた混合油缶

そして、田村石油店の店員（昭41.8.11供述証書）に、「混合油は、普通ガソリン（出光興産アポロ）普通オイル（コンドル40番）ガソリン20、オイル1の割合で作ってある」「18リットルの缶は、無地、無印で小指位の太さの縄で『たて十文字』にしばってあります」と証言させ、「1缶は使った。しかし、あと一缶ある。縄でしばってあるはずだ」とする。

検察のシナリオに沿って、幾つかの疑問を発してみよう。

①袴田は、混合油の入った縄で「たて十文字」にしばってある混合油缶の縄をどのようにして切ったか。
②袴田が使用したはずの混合油缶は、どこに残されているか（重要）。
③ポリ樽に入れたとされる8分目位の計量は、どうしてできたのか。
④袴田は持ち手（柄）も蓋もないガソリンの入ったポリバケツを、どのように扱ったのか。これを両手で持って歩けるのか、そして走れるのか。
⑤手で戸を押し開けたとあるが、どこの戸か（まさか、上の留め金を外していない裏木戸ではないであろう）。

崩壊した石油缶に関するシナリオを穿さくすることは、もはや無意味である。しかし、内部犯行説の根拠とされたこの混合油缶の存在が、証拠法上無意味であることを確認することには意味がある。本件において、油は、犯人内部説のためにでっち上げられたにすぎない。油や混合油缶に関する証拠も、すべて袴田が無罪である一助にすぎないのだ。

第2部　徹底検証・袴田事件の真実

# 6　殺害凶器の怪

## 6－1　クリ小刀は、本件殺害の凶器であるか？

　誰もが疑うであろうことは、本件において4人の被害者を殺害した凶器が、刃渡りわずか12cmのクリ小刀であるとされたことである。クリ小刀を凶器と断定し、これに固執することは、法医学の常識を踏み外している。

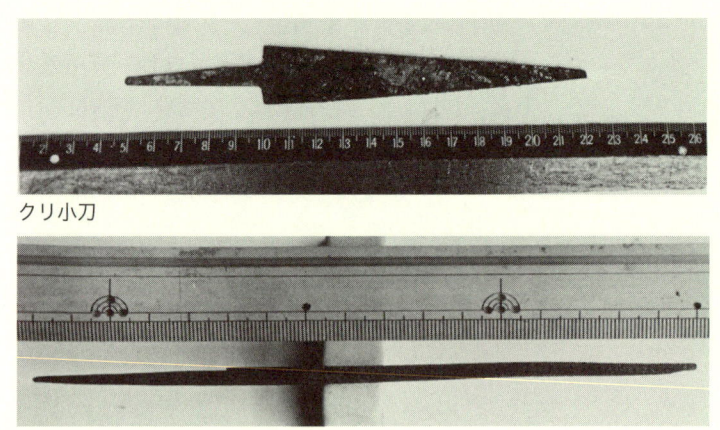

クリ小刀

クリ小刀（背の部分）

　この鑑定をしたのが東大教授上野正吉である。かの古畑鑑定が心ならずも甦ってくる。鑑定とはこの人々にとっては検証することではなく、作ることである。この事件が世に知らしめたことは、科捜研とはでっち上げのための組織であったということである。結果がそれを示したのだ。

（1）現場に散見された複数の凶器らしきものの無視

　現場では、複数の凶器らしきものが発見されている。登山ナイフ、ノミである。しかし警察はこれらを全く無視した。例えば登山ナイフは、専務の死体から1メートルの通路東側で発見された（黒柳三郎警部補警察検証調書537、図ロ、C点）。この登山ナイフは、長さ20センチの皮のサック、

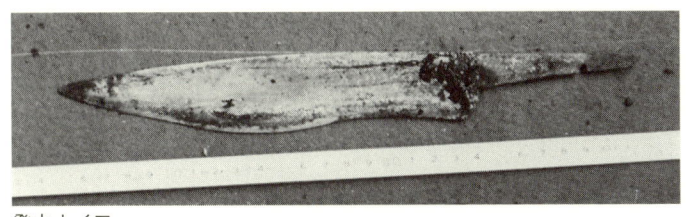

登山ナイフ

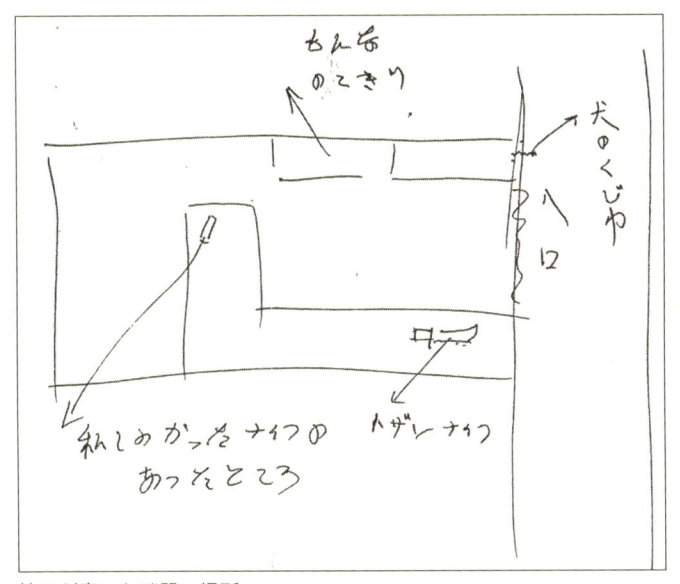

袴田が書いた凶器の場所

刃にはさび、刃の長さ19.3cm、刃の広い部分3.4cmである。警察はなぜ、この登山ナイフを凶器（特捜の調査の対象、鑑定の対象）から排除したのか。犯行着衣に凶器を隠すためのストーリーに整合性を与えるために他ならない。そして、袴田が自ら使用してもいない登山ナイフやノミなどの所在場所を、なぜ知っているというのか。この図だけ見ても、袴田が誘導されて書いていることがわかる。

（２）クリ小刀が落ちていた位置

　クリ小刀は、検証最終日の７月２日に「仏壇の間」で発見された。

第２部　徹底検証・袴田事件の真実　|　121

この小刀は、「仏壇の間」の南側、焼け残ったダンボール箱やブリキ製の箱を取り除くと出てきた。刃先は西を向いており、その刃先において、南の敷居から48cm、西のたんすから91cmのところ、次女の死体の左足のあった地点に近い場所である。全長17cm、刃の長さ12cm、刃幅2.2cmの、まさしく小刀である。

　刃先が欠落（1cm）しており、被害者の体内に残っている可能性も検討され火葬場の灰まで探したが、見つけることはできなかった。

　柄の部分は消失した様子とされるが、果たしてそうだろうか。炭化したとしても、柄は燃えかすとして、その刀のごく近くにかたまりとなって存在するはずではないのか。

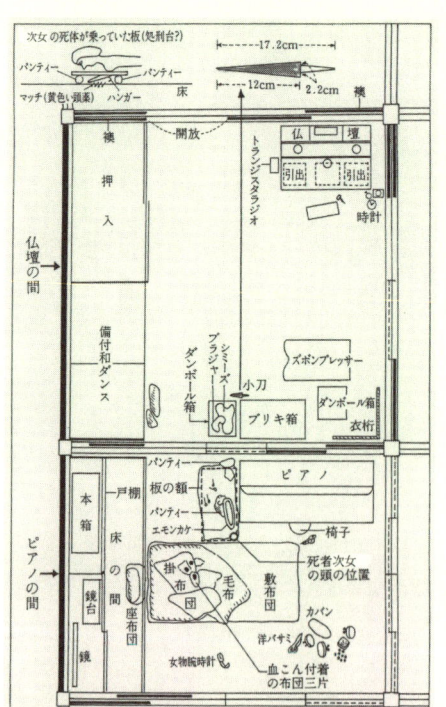

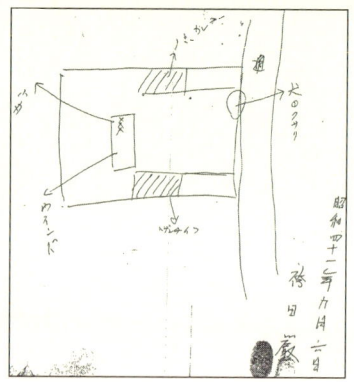

仏壇の間
出典：山本徹美『袴田事件』（悠思社）

### （３）袴田の自供に基づくクリ小刀

　クリ小刀に関する袴田の供述は、当然のことながらくるくると変化する。後付けの捜査の情報と状況次第で、然るべき体裁のストーリーを作り上げなければならないからだ。クリ小刀は袴田の所有物とされたが、指紋などあるはずもない。

　袴田が描いた９月６日の日付が記載された図（１）を見ていただきたい。刃先の長さ、柄の長さならびに鞘の幅がきちんと描けていることに仰天する。読者のみなさんは、使用している道具の長短をミリ単位で図に描けるだろうか。ミリ単位のクリ小刀についての自供と、そんな考えの及ぶ必要もないマッチ箱の自供の図（187ページ）とを比較してみる必要がある。捜査官の誘導によるものであることは、自ずと明らかである。

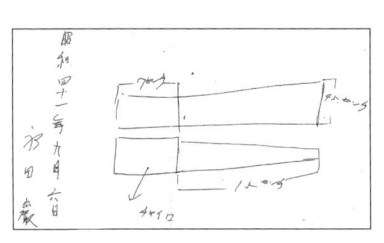

袴田が書いたクリ小刀の絵（１）　　袴田が書いたクリ小刀の絵（２）

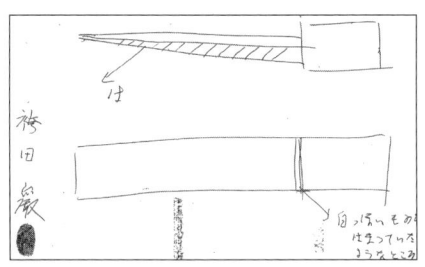

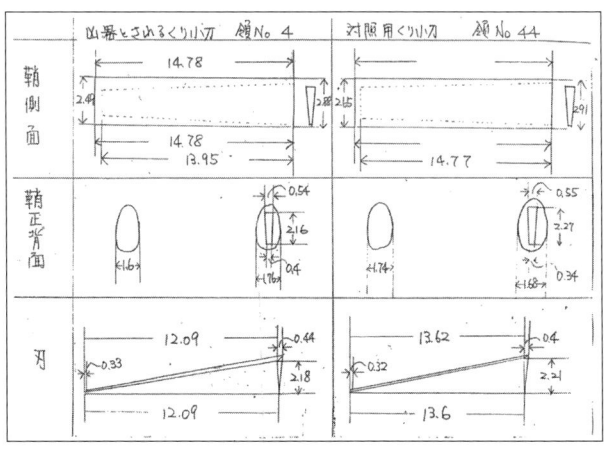

クリ小刀の鑑定

袴田がクリ小刀を購入した後の保管場所に関する自供内容も、変遷を極める。9月6日付調書の内容では「店の食堂の自分の引出し」、9月8日付では「寮のベビーダンスの一番上の引出し」となり、わざとらしくタンスが撮影されていた。しかし、袴田がなぜクリ小刀をタンスに隠す必要などあるのだろうか。クリ小刀を購入し、それをタンスに隠すという迫真性を出すためのシナリオであろう。

　クリ小刀の隠し場所とされたタンスの段数だが、この写真では大きい引き出しは6段あるが、図では4段しかない。袴田が自分の記憶で図を書い

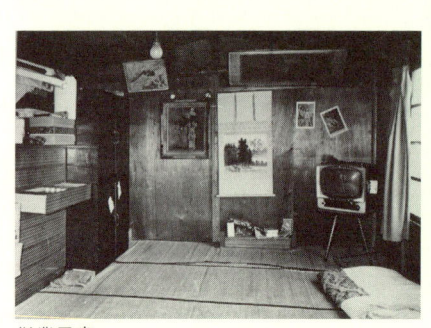

従業員寮　　　　　　　　　　タンス（大引き出し：6段、小引き出し：1段）

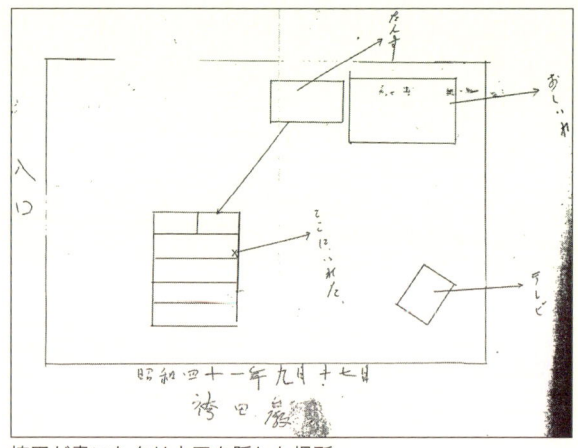

袴田が書いたクリ小刀を隠した場所

たとすれば、段数を2段も間違えるだろうか。また、隠したとされる大きな引き出しは、図では下から4段目であるが、写真では5段目である。捜査官は、自分の家にあるタンスでも思い浮かべて、誤った図を袴田に書かせたとしか考えようがない。袴田も言いなりに書いたことがうかがえる。

## (4) 沼津の刃物店

　警察は袴田を逮捕する前に、この小刀の製作企業を特定した。電解研磨の結果、「安木鋼」「玉菊」であり、兵庫県小野市の井上熊吉製作所で製作されたことを確認した（7月20日）。そして、クリ小刀の入手ルートを洗い出した。31本は、沼津、藤、富士宮の4つの金物店に。残りの数本について、特捜本部は地元の各署員で徹底的に洗った（7月22日）。

　9月6日、「専務妻からもらった」から「この刃物は、2月か3月か沼津の金物屋で買った」となる。供述調書には、長々と沼津の刃物店に行く経過と、それを販売したとされる菊光刃物店の店内の状態が記載された。

　検事「被告人は、クリ小刀は、沼津の菊光刃物店で買い、金額は500円、

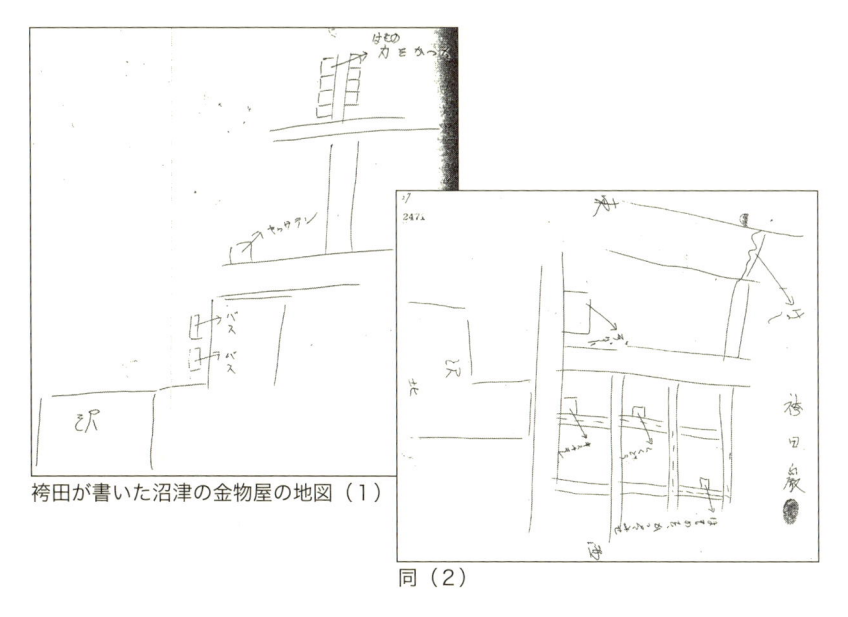

袴田が書いた沼津の金物屋の地図（1）

同（2）

鞘は茶色、売ってくれた人は40ぐらいの和服の女性と述べ、沼津駅から菊光刃物店までの道筋まで図に書いた」

　右端に「はし」の文字がある図（2）を注視して欲しい。袴田が刃物店に行ったと仮定しよう。駅やバスターミナル、デパートなどの所在は、目的先の店に赴く経路を特定するためには必要であろう。しかし、そこには不要と思われる、つまり捜査官が書かせたことを示す文字が存在する。まず、図には「東西北」の文字がある。袴田にとって、沼津駅の東西南北は何ら意味がないはずである。これ見よがしに方角を書き入れる必要があったのは、捜査官側である。次いで、南側に「はし」の文字が見える。袴田はクリ小刀を購入しており、この橋を渡ったとでもいうのか。この「はし」の文字は、「東西北」同様、捜査官が金物店の位置取りを確認し、特定するために、事前の調査する過程で頭の中に用意されたことなのだ。

　要するに、この図は、袴田が記憶に基づいて自らの意思で書いたものではないことを明示する。

（5）鞘とクリ小刀が一致しない怪

　ひとまず、袴田が沼津の金物屋でこの小さな凶器を購入したことはさておくことにする。本件において、警察による凶器に関する虚構を象徴するのは、クリ小刀と鞘が一致しないということである。しかも、この不一致は最高裁段階で判明したのである。

　金物を売る専門の店が、鞘が小刀の刀身と一致しないものを売るなどということがありうるだろうか。いくら500円程度のクリ小刀でも、不意に怪我などしないように、安全上、ぴったり・きっちり一致するものを売るはずである。小刀の柄を上にして持ったら、鞘が落ちるような商品は販売されていない。

　鞘が一致していないということは、他者が後日、クリ小刀の刀身に間に合わせるために、一体となり得ない鞘を持ち込んだと言わざるを得ない。

（6）故障したレジスター

　袴田は、沼津の刃物店でこのクリ小刀を500円で購入したとされた。

しかし、同店のレジスターには、小刀購入当時のレシート 500 円がないのである。あるのは、3 月 27 日（日）と 4 月 3 日（日）の 520 円だけである。この事態に検事は論告した。「レジスターは故障している」「500 円という数字を打つと、510 円、520 円のいずれかを打刻するという」のだ。

　弁護人側は裁判所による実験を求めたが、却下された。こうして、袴田の無罪となる証拠は、またひとつ司法によって無視された。

# 7 被害者らの成傷

## 7-1 クリ小刀と成傷の不一致
（1）怪訝な鑑定

　クリ小刀が凶器であることの疑わしさについて、今度は被害者の成傷という角度から検証してみたい。

　4人の被害者の死体には、合計40を超える、あまりにも多くの傷が存在するのであるが、各被害者の成傷はクリ小刀による傷と一致しないのだ。

　しかしながら、第一審における国立静岡病院警察嘱託医師鈴木俊次鑑定、県立富士見病院医師山下英秋鑑定、東京大学名誉教授上野正吉鑑定、さらには内藤鑑定も、被害者等の各成傷とクリ小刀の関係について、「本件成傷器として格好なもの」「本件の凶器は、クリ小刀であると認められるに十分である」と判断したのである。

（2）不可解な成傷

　ここでは、被害者の成傷の写真二葉を示すに止める。クリ小刀でこのような傷ができるか、ということである。

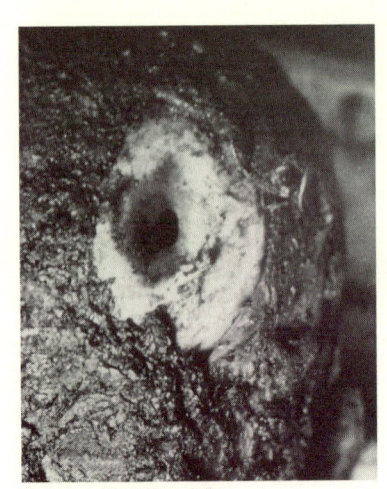

次女の左前頭部の成傷

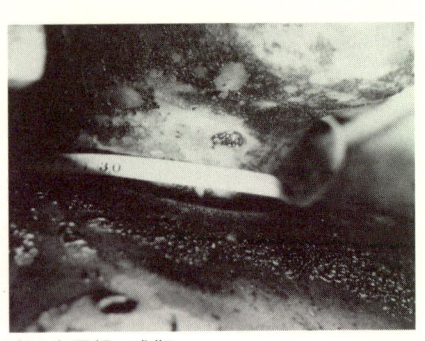

妻の右顎部の成傷

被害者の一人である次女の左前頭部の円形陥没様成傷の状況を示す拡大写真および、妻の右顎部を貫通した細長型刺突傷を示す拡大写真を見ていただきたい。刃長12cm、刃の巾がわずか2.2cmの小刀で、各成傷ができるとは到底考えられない。
　まず、次女の右頭部の写真にある成傷、この口径がとんでもなく大きいのである。頑丈な作りの、刃巾の広い刃長の鋭利な刃物でえぐったような傷跡に見える。

(3) 弁護人側の鑑定人による最終意見書
　被害者らの各成傷、クリ小刀によってできたものでないことを明確にするために、東京高等裁判所第2刑事部における即時抗告審に提出された2001年8月3日付弁護人側の最終意見書のごく一部、東京女子医大第一外科であった横山正義教授の意見書を引用したい。

**横山正義の平成4年3月8日付鑑定書（以下「横山鑑定書」）**
　概要：専務の第5肋骨が切断され、次女の胸骨柄や第4肋骨も貫通・切離されているが、これらの傷はくり小刀では成傷できないか、くり小刀による1回の刺力のみでは貫通不可能である。
　また、ゾンデが右心室から、左心側に抜けている次女の心臓の剖検録から、くり小刀よりもっと細い凶器が使用されたと思われ、専務の右胸部前外側より肺中葉を貫通して出口が1.0×0.7cmの刺創は、13.6cmのくり小刀を水平に刺しても届かず、最低17.5cmヤリのような刃物が必要である。
　次女の左前胸部から第9胸椎左側に達する傷（鈴木鑑定書⑧刺創）を形成する凶器は、20cm以上必要であり、長男の第6軟骨を斜めに貫通して肝右葉深さ4.0cmに達する傷（山下鑑定1の刺創）は、男性のＣＴ像をもとに計算すると、くり小刀より長くて細い、ヤリのような刃物でないと成傷不可能である。
　創口1.2cmに当るくり小刀の長さは刃先から5.7cm以下の部分であり、両者の差は大きく、第6肋軟骨から肝表面まで6.7ｃm（実際は斜めなのでより長い）に加え肝実質に4cm入り込んでいるので合計10.7cm（鑑定

書14頁の1.7cmは誤記）以上となり、<u>くり小刀より長くて細い、ヤリのような刃物でないと成傷不可能である。</u>（下線著者）

（4）意見書の概要

　押田茂實により作成された1993年5月10日付回答書によると、次女の左胸部から第9胸椎に達する損傷中には、刀長約12cmの、クリ小刀の長さでは達しない傷があり、また、長男の肝臓に達する損傷もクリ小刀とは適合しないというのだ。そして、横山正義作成の平成4年3月8日付鑑定書によると、長男の肝臓に達する損傷等、被害者らにはクリ小刀では成傷不可能な傷があることが認められる。

　また、津田征郎作成の1993年5月21日付鑑定書作成経過報告書、同人作成の同年9月25日付鑑定書及び同人作成の同年10月7日付鑑定書は、押田鑑定および横山鑑定と同様、次女左胸部から第9胸椎に達する損傷につき、刺創の深さは17cmないし18cmであり、さらに、胸骨体や胸骨柄を貫通させた後の創傷では弾力性を欠くから、13cm長のクリ小刀では成傷不可能であって、より長い凶器でなければならないという。また、長男の肝臓に達する損傷は、クリ小刀ではやや無理があるとしている。

　さらに、白砂巖作成の1993年2月10日付調査報告書及び同人作成の同年9月30日付研究報告書によると、犯行に使用された凶器は、3種ないし4種と考えられ、犯人は複数であることが明らかであると指摘されたのだ。

　その他、門間正輝作成の1993年10月23日付「動物屍体刺突実験報告書」と題する書面によると、本件クリ小刀の強度は、連続して4名を殺害するに耐えないことが明白であるとされる。

　凶器とされるクリ小刀による各被害者の成傷の可能性に対する意見は以上のとおりであり、クリ小刀では成傷不可能であることが、3名の鑑定人により示された。

（5）クリ小刀の刺殺実験が物語ること

　弁護団作成のビデオ「くり小刀は凶器ではない」では、「鍔（つば）」も

「目釘」もない欄間細工や桶細工用のクリ小刀は、そもそも殺傷の凶器として不適当であるばかりか、人体と条件が酷似するブタ（屍体）による刺突実験のビデオによって、4人の被害者の創傷が作り得ない事実が疑問の余地なく明らかにされた。この実験では、クリ小刀を握る手が血のりにまみれてすべり、負傷することを防ぐため軍手と網手袋を着用した。それでも、実験の結果、胸部にクリ小刀を刺して抜くこと自体困難を極め、肋骨、肋軟骨を切離、貫通させることは不可能であり、無理に肋骨切断を試みたところ、先端部が折れてしまい、また柄が外れてしまったという。

（6）確定判決が前提とした凶器に係る鑑定の瓦解

　袴田事件において、科学の勝利を謳う警察と検察の鑑定がことごとく崩れてきたことは、再三指摘したとおりである。そして、凶器に関する当局の鑑定も理由がないことが明白となる。再審において弁護団は、クリ小刀を巡る争点を列挙し、確定判決の核心たる疑問点を列挙し、それらについて検討を重ねてきた。

　最後に、殺害に使用された凶器と机の物色に使われた凶器の疑問について指摘する。

　原一審裁判所が命じた篠田鑑定により、「犯人が4人を殺傷するに先立ち、土間の事務机を物色したときに刃物を用いていることは証拠上明白であり、その凶器が、本件切損したくり小刀又は類似のものによる」と判明していた。

　確定判決の認定によれば、殺害と机の物色の両方に使われた凶器が本件クリ小刀のみということであるから、4人に立向かうときに犯人が手にしていたのは、刃先の切損したクリ小刀ということになる。

　「しかるに、4人の死体の創口には、折損した刃体が押し込まれた形状を示す痕跡はなく、内部の肝臓、心臓、肺の刺入口も整縁であった（山下、鈴木鑑定書、同証言）。つまり、被害者らの実際の傷は、切損しない、先端が鋭った刃器だったと認められるのである」

　くり小刀は凶行中に切損したのか。これも否である。被害者の体内から寸毫の切片も発見されていないことは、山下・鈴木鑑定書、同証言が認め

ている。因みに、この点に注目した（当時、4人を刺した時に折れたという見方をとっていた）警察が、火葬場の灰を捜したものの、発見できなかったことが報じられている（静岡新聞昭和41年7月8日付夕刊）。

　その結果、「本件くり小刀とは別個の凶器が存在した」ことを強く示唆するものであり、この争点は、実は新証拠の提出を待つまでもなく、決着がついていたというべきなのである。

　弁護人側は、一貫してクリ小刀が凶器であることに疑を唱えてきた。特に再審段階で提出した意見書は、剖検例を有する法医学界の第一人者の鑑定、また、数多くの手術例を経験する第一線の外科医師の鑑定、さらに、人体実験ともいうべき貴重なデータに基づき得られたものであり、それらの証拠価値は、確定判決が依拠した鑑定と彼我の問題とは到底なりえない。

## 8　隠蔽される証拠物

　冤罪において証拠隠滅の実例は多々ある。青梅事件における拷問と脅迫の事実を示す自白調書の隠蔽、かの松川事件では、被告人のアリバイを潰すための諏訪メモが隠匿され続けた。そして、菅生事件では、警察は真犯人である現職の警察官を警察大学校に隠していたのだ。
　この事件でも、幾つかの証拠物が隠蔽されているので、それを例示する。

### 8−1　ゴム草履
（1）無視されていたゴム草履
　袴田は当初、被害者の血痕の付着したパジャマを着用していたとされた。その後犯行着衣が5点の衣類に変更されたが、袴田が履いていた物、履き物が物証として出てこない。袴田は終始、ゴムの草履を履いていたと供述し、第29回の公判でも、「証112」として袴田の証言のときに示されていた。

（裁判長、証第112号ゴム草履を示す）
——ぞうりはどうしたものか。
「これはわたしが日はわかりませんが、事件のずっと前に買ったもので、使用してたものです」
——いつごろどこで買った。
「横砂の近くの店で買ったと思うんですが」
——41年6月よりどのくらい前。
「40年に私が勤めるようになってから、40年のはじめころじゃないかと思います」
——それはしじゅうはいておった。
「そうです。これしかありませんので、常には、これをはいておりました」
——仕事をするときいつもはいていた。

「仕事は長靴でしたが、それ以外にちょっと食事に行ったりは」
──1年あまりだったら相当はいておった。
「はいてました」
──事件の当時もはいておった。
「火事のときに、わたしはこれをはいていました」
──火事のとき、出るときからずっとはいておった。
「火事に出るとき、これをはいていました」
──6月30日の午前2時か、3時頃から出たときから。
「そうです」
──いつごろまで。
「仕事に入るまでこれをはいていました」

　では、最終的に、この証拠物である履き物、スポンジのゴム草履は、なぜ、どこに消えたのか。パジャマまたは5点の衣類以上に、犯罪現場を移動するときに用いた履き物が現場を物語るはずである。ところが、袴田が日常的にはいていたゴム草履は、7月7日に押収されたにすぎない。以下では、無視されたゴム草履の謎に迫る。

(2) ゴム草履は袴田無罪の最重要証拠物
　袴田は、「いつもはいているスポンジのゴム草履をはいて寮の表に出た」。そして専務宅に侵入のために裏口に回ったが裏木戸が開かない。そこで、右横に立つ楓の木に登ることにした。そのときはいているのは、このゴム草履だ。しかし、検面証書でもこの草履は出てこないのである。そして、押収されたこの草履に関する鑑定結果も出ていない。当然のことながら、この草履について、「血液型」「油質」の検査がなされているはずである。しかし、鑑定書も報告書も作成されていない。
　作成されたはずであるが提出されていないだけのことである。すなわち、袴田のゴム草履の鑑定結果は、闇に葬り去らなければならない内容のものであるということである。

（3）忽然と消えたゴム草履

　1968年5月9日になされた検事論告の前日まで、ゴム草履は忽然と消えていたのである。パジャマなどが押収された直後、ゴム草履も、「犯行着衣の一部の可能性ある物」として押収された。しかし、清水署の富安警部補により任意提出書が作成され、提出者処分意見の欄が「不要」と記載された不自然な書面がある。犯行着衣がパジャマであれ、5点の衣類であれ、ゴム草履は犯行の一部始終に利用されたものである。しかも、一度も洗われたこともない。パジャマ以上に科学的な解明が可能な、しかも、重要な物証であった。

　押収されたゴム草履は、血痕については法医理化学研究室の林淑恵技師により、油質については篠田技師の下で働いている角野勝明技師によりエーテル抽出が行われたとされている。奇妙なことは、鑑定結果がいずれも陰性であったので、報告書を作成しなかったというのである。

　ところが、隠蔽し続けてきたことを批判されるのを恐れたか、県警本部刑事部、法医理化学研究室の鈴木完夫室長（静岡県警本部警部補）は、県警本部刑事部長に池谷真二の報告書を結審間近の5月8日に至って提出したというのだ。

　パジャマとセットで用いられたゴム草履の陰性が着目されたならば、それらが対照されて、警察の見立てに疑問が集中することになる。それを避けるために、鑑定結果が陰性であることを隠匿し、ゴム草履に言及することをやめてしまったのだ。

## 8－2　黒革財布

　袴田事件で黒革財布が発見されたことは、この事件が金目的の犯行でないことを意味する。被害者宅の金銭の類に、ほとんど損害はなかったことになるのである。

　当初の警察のストーリーは、袴田が「どこかに住宅を借りて子どもを引き取り、母親に面倒を見てもらい会社に通勤したいと考えたが、被疑者（袴田）の給与が手取り2万数千円で住宅借受資金（アパートの資金、調

度品購入代金など）が不如意のため、いろいろ苦慮しつづけたあげく会社の金に目を付け、会社の売上金を盗むことを計画し」たというものであるが、会社の金銭にほとんど損失がない以上、警察のストーリーは、袴田を犯人とするための作文に他ならないことが判明した。

しかし、いくばくかの金銭が紛失していないとなれば、警察のストーリーは、これまた瓦解する。こうして、警察は黒革財布とその中味の金員を事件に無関係であるとして、隠蔽工作に出たのだ。

（１）バスのなかで拾われた黒革財布の報道

1966年7月26日、静岡新聞朝刊は報道した。

中に大金と専務の礼状
強殺放火に関連？　届け出ぬ財布の落とし主

　現金八万三千余円入りのさいふが、さる十二日朝七時半ごろ富士急行バス吉原市駅発国鉄吉原駅行きのバスの中に落ちていたとバスの運転手が吉原署に届け出た。このさいふの中にはさる六月三十日未明発生した清水市横砂のみそ製造業一家四人強殺放火事件のおり、社長の名で出した見舞い礼状（はがき一枚）とライターの石がはいっていた。

　拾得してからすでに十三日も経過しているのに落とし主が現れない。八万円余の大金を落としていながら持ち主が名のり出ないのは不思議だと、清水の一家四人強殺放火特別捜査本部と吉原署は落とし主を捜している。なお礼状のはがきは

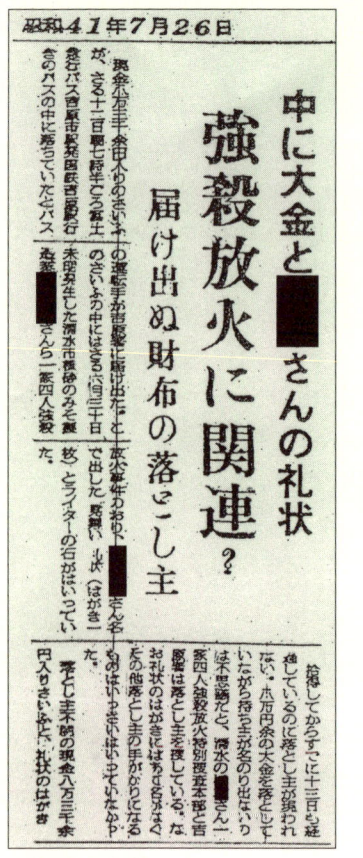

黒革財布の報道

あて名がなくその他落とし主の手がかりになるものはいっさいはいっていなかった。

　サラリーマンの給与が2万円程度で、60万円あれば家が建つ、そんな時代の8万3000円である。詳しい財布の中身はというと、8万3920円の現金、ライター石3個、そして社長の見舞礼状である。財布の金額は、事件当時専務宅から紛失していた金額（8万4830円）とほぼ一致する。その差は910円にすぎない。ハガキとは、火事見舞いへのお礼と営業案内であった。ハガキの宛名を書く部分に「ヨーゲン」との記載が見られたが、未投函であった。

（2）黒革財布事件の隠蔽工作
　黒革財布は7月13日に吉原警察署に届けられた。財布は、特別捜査本部に送付され、静岡県警鑑識課に送られた。財布の血液ルミノール反応は陰性であったが、現金のうち1万円2枚にルミノールの陽性反応がでた。しかし、案内状の指紋は対照困難であり、ライター石3ヶのルミノール反応も陰性であった。
　容疑者逮捕に至っていないこの段階で、未投函の「こがね味噌」社長からの火事見舞いに対するお礼が記載されたハガキとルミノール反応が陽性の1万円札が発見されたならば、捜査陣は鑑識結果に欣喜雀躍するところであろう。ところが、捜査報告書によれば、捜査本部は袴田を容疑者として尾行したが、取得場所に袴田が現れず、バスの乗客から遺失届を割り出す捜査もしたが遺失者の発見に至らなかったとしたのだ。最終的に、この黒革財布は事件とは無関係であると葬り去られるのである。
　しかし、このような警察の対応に、追い打ちをかけるような隠蔽工作が存在する。
　まず、控訴審段階における、この黒革財布に係る証拠記録申請に対して、東京高検は、「取得物関係書類の保存期間は1年間であるため、右期間経過後焼却した。特に昭和43年4月吉原警察署と富士警察署とが合併し、現在改築の富士警察庁舎へ移転する際、保存期間終了の書類はほとん

ど処分しているので、本件取得事件関係書類は現存しない」とした（昭46.4.26静岡地検・戸叶義雄検事正作成捜査報告書）。

　この報告書に関連して、言及すべきことが2点ある。

　第1に、戸叶検事正によれば、本件取得事件の関係書類が存在しないと記載されているにもかかわらず、この黒革財布が発見された日時が、「昭和41年7月19日午前7時45分」と記載されているのだ。この日時は、いかなる書類を手掛かりに記載されたというのか。明らかに矛盾がある。

　第2に、静岡新聞の報道によれば、この財布は、7月12日に発見され、13日も経過しているのに落とし主が現れない、とある。具体的であって、信用できる。検事正の報告書の日時は、他の目的で「19日」と書かざるをえなかったのだ。ところで、取得者の現れなかった8万3000余円入りの財布と中味は、どこに消えたのだろうか。誰の懐に入ったのだろうか。後に、発見者には拾われた紙幣とは別のものが渡されたという。

（3）C温醸室味噌樽の下に現金を隠した？

　検察によれば、袴田は、強取した金をいったん味噌工場のC温醸室の下に隠した後、取り出して元同僚の松下文子の所に持って行ったという。その事実を裏付ける証拠としては、被告人が事件後、近所のそば屋で使用した百円紙幣何枚かに味噌樽の下から採取した泥と類似したしみが付着していたとする。

　ここでも、検察のストーリーがでっち上げであることを知りうる。検察のストーリーによれば、袴田は「強奪した8万2325円の金のうち、2万2325円は生活費その他の小使銭に消費し、5万円は検察の捜査が身辺に及んできたため、身の危険と発覚を虞れて、こがね味噌工場に勤務していた女子従業員に預けておいた」という。

　このストーリーに従えば、被害者宅から強奪された8万円余の金員は、いつの間にか黒革財布の金とC温醸室の下に隠した金の2口存在することになる。

（4）黒革財布の取得は袴田の無罪を示す

警察の論理によれば、「この財布は袴田とは関係がない。だから、これは本件とは関係がない、という結論に達した」。しかし、このような論理は成立するはずがない。むしろ、財布の出現は、袴田とは別の真犯人の存在の可能性を色濃く示しているはずではないか。新しい貴重な物証となり、袴田に有利に働いたはずである。袴田は言った。「私は、Ｃ温醸室味噌樽の下に現金など隠したことはありません。仮に隠したとしても、７月４日に警察は綿密に捜索しているのだから見つからぬはずがない」。そのとおりである。弁護団も主張するように、「もし、仮に袴田の持っていた札に味噌に類するするシミがついていたとしても、常識上何ら不思議ではない」はずであるが、そのような形跡は全く見られない。

## ８－３　Ｃ温醸室、Ｄ桶下

　冤罪事件の特徴の一つは、捜査し尽くしたはずの場所で、後日なぜか重要な物証が発見されるという怪だ。この事件でも、Ｃ温醸室、Ｄ桶下が強取したとされる金員の隠し場所とされた。
　袴田の９月９日付供述調書によれば、以下のようになっている。
「専務の家からぬすんで樽の下にかくした金は、七月二日に一万五千円、七月九日に一万円位を取り出して二回共実家の浜北に持って行き、色々使いました。そして七月一一か一二日頃又樽の中からの残っていた五万円を取り出し知り合いの松下文子さんの家に行き、ぼくのぜにだけど取りにくるまであづ（ママ）かって下さい。といってあづけました。
　その后半月か二〇日位たって取りに行きましたが松下文子がいなかったので返してもらえず、今でもあづけたままになっております」

（１）袴田の供述は正しい
　袴田が主張するとおり、「私は、Ｃ温醸室味噌樽の下に現金など隠したことはありません。仮に隠したとしても、７月４日に警察は綿密に捜索しているのだから見つからぬはずがない」のである。ところが、警察は捜査して発見すべき２つの重要な物証を見落としたというのだ。１つは、Ｃ温

C温醸室　　　　　　　　　　C温醸室、D桶下

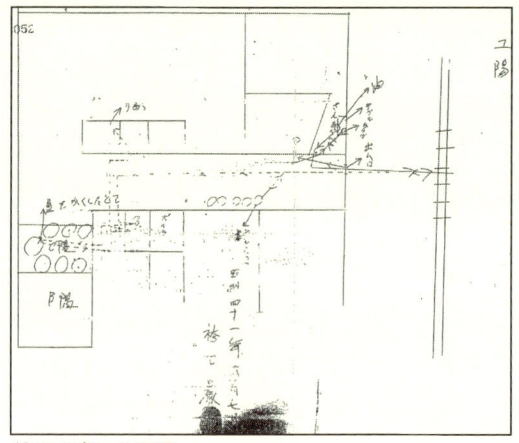

袴田の書いた図面

醸室味噌樽下の8万円余の金員、今ひとつは、1号タンク内の5点の衣類である。

　狭山事件でも、事件後2ヶ月近くもたってから、「被害者のもの」とされる万年筆が、石川さん宅の勝手場入り口の鴨居から発見された。この万年筆については、10数人の刑事が2時間以上もかけて、室内はもちろん、便所、天井裏、屋根上、床下のほか、家の周辺で盛りあがっているところは掘り返すという、徹底的な家宅捜索を2回も行ったときには発見されずじまいであった。ところが2ヶ月後の再捜査で発見されたというのは、どう考えても不自然にすぎる。本件においても、事情は同様である。

（2）徹底した捜査がなされたはず
　7月4日付、春田警部補の実況見分調書を見れば、桶の下に紙幣や硬

貨は発見できなかったとある。徹底的な捜査の実施にもかかわらずである。6月30日に樽の下に隠し、7月4日の捜索でも発見されなかったはずの金員が、7月9日に1万円、さらに、7月12日までの間に存在し5万円を取り出せたというのだ（ただし、出納帳では7月10日に約5万円を取り出していることになっている）。

　弁護人側が主張するように、袴田の供述を前提として事態を考慮してみよう。袴田は「右手首先が真っ赤だった」「右手中指も怪我のため、血が流れていた」とした。だとすれば、血まみれの素手で隠した現金からは間違いなくルミノール反応があるはずであるし、現金が発見されるはずである。血まみれの手で掴まれた札束がC温醸室の味噌樽の下に入れられたのであるから、検体として採取された土壌からもルミノール反応が出るというものであろう。


（3）無意味な偽装工作
　盗まれたはずの現金が発見できなかった警察は、偽装工作をする。袴田があたかも、味噌樽下に隠されていた紙幣をそば屋で使用したかのようなトリックを考え出したのである。現金が発見できなかったので、後日、袴田がそば屋で使用した紙片を保管しておくように命じ、その紙幣のシミから、鑑定の結果D樽下の粘土が発見されたという仕組みである。血痕ではなく泥土の付着はいとも簡単であり、他日、泥土を紙幣に付けるだけのことである。


（4）費したとされる2万5000円の使途は立証されず
　袴田が1966年6月19日から8月17日までの間に消費したとされる金銭出納状況の一覧表を見ると、2ヶ月間に15万1915円の収入があり、14万9780円の支出があるとされる。その大半は飲食費や交通費である。確かに袴田はこの調書に、「この表は私のせつめいによってけいさつの、人がつくってくれたものです。間違いありません」として自署している。しかし、袴田が出納帳を作成していたのならいざ知らず、2ヶ月の行動や支出の詳細を説明することなどできないであろうことは、自明であ

昭.41.9.24 員面調書、NO.2、岩本広夫　　NO.4

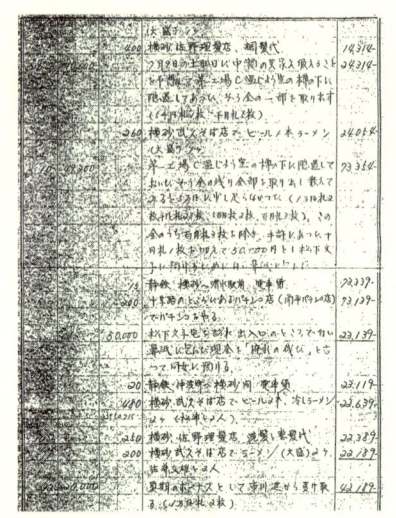

る。そして、消費した金額はあまりにも突出している。作文なのだ。

　袴田が供述したとされる買い物や飲食等のうち、事実確認されたのは、近所のそば屋の1件だけ、しかも、このそば屋には何回も行ったことになっているが、いつ行ったのかは定かでない（昭42.7.20静岡地裁第14回公判調書）。この出納帳に関しては、19人から19通の供述調書が作成された。しかし、記憶があると認めたのは薬業商者のみである（袴田は8月3日、蓄膿症のための点鼻薬、ネオチオセルミンを購入した）。

　この出納一覧表から指摘できることは、警察が創り上げた袴田の犯行の動機を、変節せざるをえなくなったということである。すなわち、犯行動機が、住宅借受資金を入手するためから、なんと飲食のためとなる。この出納帳は米津警部補による労作であるが、内容に詳細を究めようとすればするほど、虚構の極みであることが露呈される。

　袴田に罪を着せしめるための出納帳、しかしこの出納帳は体裁だけではなく、記載された内容も袴田の行動を反映するものではない。

# 9 証拠物の捏造

## 9-1 金を預けたとされた女
### (1) 袴田の供述
　袴田の供述では、警察の捜査が身辺に及んだので、身の危険と発覚を恐れて、贓物（盗んだ金）のうち5万円を松下文子に預けたことになっている。袴田は、「七月一一か一二日頃又樽の中から残っていた五万円を取り出し知り合いの松下さんの家に行き、ぼくのぜにだけど取りにくるまであづ（ママ）かって下さい」と供述したことになっている（供述調書31）。本書では、松下文子さんを「松下文子」と記した。

### (2) 証拠のでっち上げ
　この供述がなぜ必要になるか。警察は、被害者宅から持ち出された金員の不足分の穴埋めをする必要があったからである。しかし、7月12日に拾得された黒革財布の中身と事件との関わりを肯定すると、袴田は犯人でなくなる。そこで、袴田が7月10日にひとまず金員をC温醸室の樽下に隠したことにして、次いで、これを持ち出した5万円をどこかで誰かに渡したというストーリーを考えついたのである。
　捜査記録によると、工場勤務者に加えて「退職者の捜査」もなされたが、その俎上に乗せられたのが、警察による証拠の虚構の材料とされた松下文子である。警察はその記録のなかで、松下が社内旅行をしたとき、袴田と「同じ蒲団に寝た事実」もあるなどと虚偽の報告を記載した。
　捜査記録には、松下の悪性に関する記載がある。「無職、松下文子は、昭和41年4月1日から、昭和41年6月10日まで、こがね味噌の包装工をしていたが、勤務成績が悪く、また味噌、金山寺を持ち出している事実が判明したので退職させたものであるが、同人は稼働中、同僚の女子職員に対し、『人を殺すのはわけない。火をつけて焼いてしまえば分からない』と、口走っていたことが判明し、同僚からは恐ろしい女だ、といわれ交際する人はいなかった」（捜査記録49～50頁）。警察による松下への

脚色を見て取れる。

（3）松下を別件逮捕
　1966年9月14日、松下は、袴田と寝たところを見たと法廷で証言した女性を脅迫した容疑で逮捕される。住吉親警部補の思惑である。この女性は警察の協力者で、袴田の言動や裏木戸のすき間について、検察側に有利な証言をした者である。詳しくは後述するが、松下の逮捕前日の9月13日、清水郵便局郵便課の机の上に、紙幣番号が焼燬された5万700円入りの、しかも、2枚の千円紙幣の片隅に片仮名で「イワオ」と記載された白い封筒、差出人不明の事故郵便物が届いた。そして筆跡鑑定の結果、松下は9月23日、贓物寄蔵の罪で再逮捕された。
　しかし、松下は当然のことながら、1967年5月30日静岡地裁第12回公判において、「事件後会っていない」「袴田と寝たこと」「金を預かったこと」「封筒にお金お入れて」など、すべてを否認した。捜査当局は、「事件後、袴田と松下が会った確証を掴んでいない」と報道もされた（毎日新聞、昭和41年9月21日）。

（4）「受け取ったことにするから」
　袴田の45通の供述調書のうち、「松下に5万円を預けた」としたのは1通だけである（住吉警部補）。
　まず、住吉警部補の証言には腑に落ちないところがある。弁護人からの「一番初めの15日の取調べになったとき、（金を）預かることはないけれども、預かったことにすると言う返事であるね」との尋問に対して、「その日は、『あんたたち面子があるでしょうし、わたし（松下）もしらないじゃすまされないだから、預かったことにするから、これは私（松下）と住吉さんだけの2人の話にすれば、他の人に分かるというようなことはない』。そういう供述だったです」（昭42.6.16静岡地裁第13回公判調書）と答えている。
　同じく、9月15日の検察官からの森下哲夫巡査部長に対する「金を受け取ったかどうか」の尋問には、「『それでは、私が袴田さんから受け取っ

たことにするから、住吉さんにうまく取りなしてもらいたい』と言うような話しがありまして」とした。

　要するに、松下文子は警察と検察の主張したことを全面的に否定したのである。そもそも、脅迫と贓物寄蔵の容疑などあり得ないのであり、松下が釈放されたのは当然である。

## 9－2　奇怪な事故郵便（5万円の怪）

（1）差出人不明の事故郵便物

　9月10日に警察が松下とその家族を調べた直後、そして、袴田が自供した9月6日の1週間後の9月13日に、奇怪な事態が発生した。清水郵便局郵便課の還付不能物処理担当の机の上に、9月11日から12日に集配された郵便物から差出人不明の事故郵便物が置いてあったのだ。

（2）便箋に記載された「シミズケイサツショ」

　まず、なぜこのように封筒が傷んでいるのか理解できない。白い封筒、切手が貼っていない。別人の立会の下で、封筒を5ミリほど切ってみると、

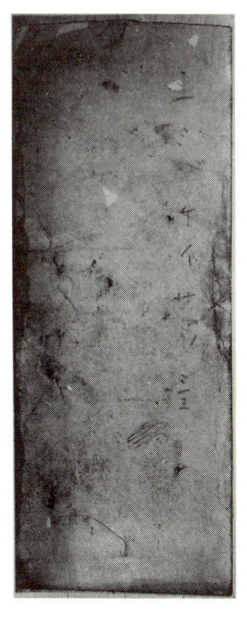

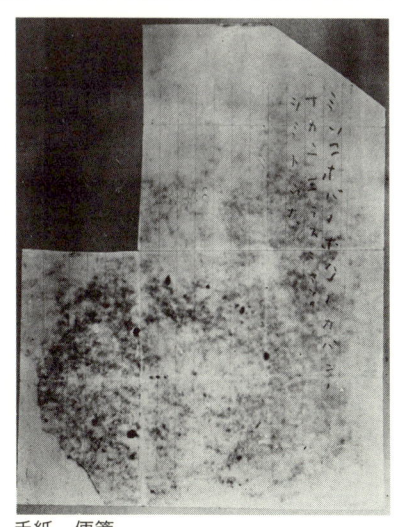

手紙・便箋

内封筒　表

二重封筒であり、封筒の表には鉛筆文字（片仮名）で、「シミズケイサツショ」とある。次いで、縦罫の便箋に鉛筆でうすく、「ミソコオバノボクノカバンオナカニシラズニアッタ　ツミトウナ」（味噌工場の僕の鞄の中に知らずにあった。罪問うな）と記載されているというのだ。

また、封筒からは金銭が発見された。金額は5万700円。特徴的なことは、紙幣の一部、左上端と右下端が焼燬され紙幣番号が確認できないことである。一枚一枚、丹念に番号部分が焼かれていることに驚愕する。

5万700円の構成は、1万円札3枚、5000円札2枚、1000円札10枚、500円札1枚、100円札2枚である。そして、イワオと書いてある1000円札2枚が出てきたのだ。

警察はこれを、松下文子が贓物寄蔵の罪に問われるのを恐れて匿名で郵送したものとして、鑑定を急いだ。しかし、その前に検討すべきことがある。「被疑者袴田巌の金銭推移等状況の一覧表」（142ページにある出納帳）には、7月10日に袴田が第一工場C温醸室の樽下から松下に預けるために持ち出したとされる4万9300円の金員の構成が記載されている。その4万9300円の構成は、1万円札2枚、5000円札0枚、1000円札28枚、500円札2枚、100円札3枚である。なぜ、同一人物の松下の掌

発見された紙幣　　　　　　　　　　　「イワオ」の文字

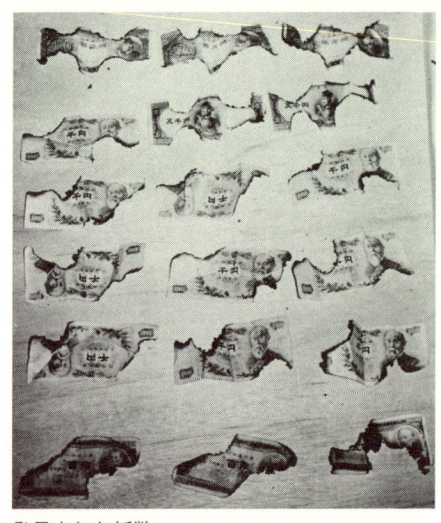

146

中にある金銭の金額とその紙幣の構成がかくも異なるのか。そもそも強奪された金袋に在中していたのは、8万2325円のはずだ。そして、集金袋にあった紙幣の種類との整合性も確認されていないのだ。

　警察は大失態を演じた。事故郵便物中に発見された紙幣の構成と、袴田が松下に預けるために持ち出したとされる金員の構成の同一性を確保することを失念した。さすがに、ここまで虚構の完璧さを果たすことができなかったわけだ。

　味噌樽下から出てきたとされた金員、バスのなかで拾われた黒革財布の中身、清水局に置かれた金員、いずれが被害者宅で強奪された金員であるのか。それとも、いずれもそのような金員でないのか。

(3)「カタカナ文の筆跡鑑定で一致」は、虚構

　複数の金員が別個に存在することは、あってはならない。そこで静岡県警本部は、まず、黒革財布を無視することに腹を決めた。次いで、C温醸室の樽下から松下に預けたとされる金員を、松下が清水局に送付したというシナリオを作り出したのだ。

　「シミズケイサツショ」「ミソコオバ〜」「イワオ」「便箋」「注文控ノート」などが鑑定の対象物となった。まず、100円札2枚のうち番号不詳のものの方ではナンバー部分が焼けており、意図的に焼いたとされた。そして、18枚のうち1000円紙幣1枚から「銀」の字の部分に血痕が検出され、人血の付着が認められたが、その血液型は血液微量のため判定不能であった（鈴木技師）という。

　残された手段は、1000円札2枚の片隅に記載された「イワオ」の3文字の筆跡鑑定である。筆跡鑑定は、捜査段階から原審を通じて5回行われたが、これらの鑑定結果によれば、封筒便箋の文字と1000円札2枚の「イワオ」の文字（岩崎六三朗作成の昭和42年8月16日付鑑定書、科学警察研究所長野勝弘作文書研究室長成の同年7月9日付鑑定書、遊佐竹武次郎鑑定人作成の43年1月10日付鑑定書）および右封筒・便箋の文字と松下文子の注文控ノート・便箋メモの文字（右岩崎作成の昭和41年9月23日付鑑定書、長野勝弘・市川和義作成の同年10月10日付鑑定書、

遊佐武次郎作成の昭和43年1月10日付鑑定書）とは、いずれも同一人の手によるものであるとされた

　静岡地裁も、「何らかの事情によって、右現金を手に入れた者が、同時に犯人が『イワオ』という名前の者であるか、少くとも犯人が『イワオ』という名前の者と重要な関係がある者だということを知って、そのことを知らせようとして、札の一部及び、便箋に、自ら前記のような文字を書いて清水警察署長宛に投函したものであることが推認される」とした。

　しかし、筆跡鑑定が疑わしいことは弁護人が指摘したところであり、高裁判決も指摘したところである。

（４）松下が所持する紙幣を焼くはずがないこと

　まず、被害者宅から強奪されたとされる甚吉袋（金袋）は３袋である。そのうちの１つにあった在中物は、８万2325円である。留意すべき重要なことは、外に運び出された他の２つの金袋に在中する紙幣の一部焼失は何ら報告されていない。

　清水局に置かれた紙幣の内容は、紙幣番号部分が焼けている紙幣を含め、以下のような構成となっていた。

イ　10000円札３枚：２分の１位焼失
ロ　5000円札２枚：５分の３位焼失のものと２分の１位焼失のもの
ハ　1000円札10枚：２分の１位焼失
ニ　500円札１枚：２分の１位焼失
ホ　100円札２枚：２分の１位焼失
ヘ　便箋１枚

　警察のストーリーは摩訶不思議である。同時に持ち出したはずの金袋の中身は焼失していないはずだ。そして、犯人が袴田であることを知らせよう

消失した紙幣

として、「イワオ」という名を札の一部及び便箋に、自ら文字を書いて清水警察署長宛に投函したというのだ。だとすれば、わざわざ強奪された紙幣の番号を焼失する必要はない。まして、紙幣の2分の1や3分の1を焼却する理由がないはずである。松下が贓物寄蔵の罪を逃れるために、警察署に送る紙幣を焼却し、被害者宅で強奪され、またＣ温醸室の樽下に隠された証拠物の形跡を隠すことなど、無用なのである。

　無用な作業をわざわざした、また、それを指示した者は松下ではない。それは一体誰だろうか。答えは自ずと明らかである。

## 9－3　左中指の傷とふみぬき痕
(1) 左手中指の腹にできた傷
　袴田は消火作業のときに、左手中指の腹に傷を負った。この傷はトタンぶきの屋根の上で滑り、物干台の下の庇（ひさし）から瓦礫・ガラスなどの堆積している場所に転落したときにトタンか何かで切ったものとした。
　1968年5月9日第29回公判における袴田の証言は、以下のとおりである（質問者は裁判長）。


──物干に上がるときには、何をつたわって上がった。
　「物干の柱が二本立っていますがそれをよじ上りました」
──左中指の傷ができたのは、その晩に違いないのか。
　「そうです」
──大体いつごろ、どこらにいるときにできたかは。
　「屋根から下に落ちたときにできたと現在は思っております」
──そこらにガラスか何かあったというのか。
　「ではないかとわたしは」
──ものにつかまったという記憶は。
　「トタンにつかまった記憶ありますが、とにかく落ちたときに腰をぶって、あとで痛いなあとおもって、それは腰で、他に注意しなかったけれども、あわててまた上に上がろうとしたけど、自分のからだに注意してなかったんで、ここで切ったということは申し上げられませんが」

――屋根から落ちた近くだということはいえるのか。
「はい」
――滑るときということじゃないね。
「ええ」

　しかし、自白した1966年9月9日の松本久次郎警部の作成した調書には、「一〇、すると専務が起きてきたので、裏木戸から逃げようとしたが逃げられずそこで取組合となり自分が持っていた刃物を専務にとられそうになりました。そのもみ合いのとき左手の指が切れました」とある。吉村検事作成の調書でも、「私はかっとなり、やってしまお〉（ママ）という気になり右手に待ったナイフを振り上げました。すると専務は左手で私の手首をつかまえ、後に押しつけ右手でナイフを握っている私の手からナイフをもぎ取ら（ママ）うとしてきたので、私はもぎとられまいとして左手をナイフの下の方にかけたところ、中指がかちっと感じました。」とあり、袴田の中指の怪我は、専務に「ナイフ」をとられそうになったときに切れた傷だというのである。
　袴田が凶器をナイフであると供述したことも、犯人でないことを示唆するのだが、警察と検察は、袴田の左手中指の傷を犯行時の格闘から負うたとの作文を試みたのである。

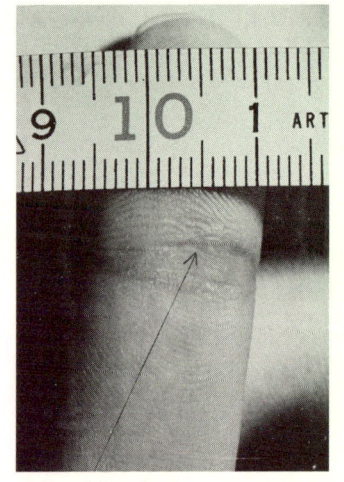

袴田の中指の傷跡

**（2）福井医師の見立てと診療**
　しかし、この試みは既に、袴田の指の治療をした福井徳応医師により否定されたはずであった。袴田は事件発生後の1966年7月3日に実家に帰ったおり、左手中指の治療のために福井医院に行った。公判における検察官の福井医師に対する尋問で証言されたとおり、この傷は、ナイフとかカミソリのような鋭いもので切った傷でなく、金物のようなもので切ったもので

あり、傷の長さも1cmから1.5cm程度だった。そして、袴田はその傷口を手拭いの切れ端で巻いていた。

（3）なぜ鈴木医師が出てくるのか

ところが、福井医師の見立てがなされた翌日、血の付いた作業着が捜査員の目にとまり、パジャマが押収される。そして、殺害された専務の身内の者が袴田に「一緒に医者に行こうと」誘った。彼らが行った山田医院には、被害者の専務と次女の解剖を手がけた鈴木俊次医師がいた。なぜ、鈴木医師が袴田の中指の傷の見立てに立ち合うのか。その謎は、鈴木医師の袴田の傷の見立てに関する公判における証言で明らかとなる。鈴木医師は後の公判で、「刃物とか、あるいはガラスのかけらとかいうようなもっと鋭いもので切れたんじゃないかと、思いました」とか、傷の深さについても、「おそらく、骨に達しているくらいあるんじゃないか」と証言した。

袴田の自白調書や吉村検事の検面調書は、この鈴木医師の見立てに添うようなシナリオになっている。そして、静岡地裁も、「成因は本人の訴えのようにトタンによる切り傷ではなく、鋭利な刃物による切傷と判断したこと」を認めたのである。しかし、1966年12月に急逝した山田医院・山田医師の残した診断書には、「左手中指末節内側に切創 長1cm糎×幅4粍 水平に横行し肉芽組織隆起す」とあるにとどまる。

（4）足うらのふみぬき痕

袴田が履いていたはずのスポンジのゴム草履が無視されたことは、述べたとおりである。なぜ無視する必要があったか。ゴム草履から、犯行現場を物語る血痕や、パジャマに付着していた油質が検出されなかったからだけではない。袴田が主張したように、彼が消火活動中に屋根から落下し、そのときに砂利などを踏んだときにできたふみぬき痕がゴム草履にもあったからである。そして、山田医師作成の診断書には、袴田の〈両側足蹠（そくせき）2〜3の軽度のふみぬき痕〉の記載がある。「足の裏なんかにも、踏み抜いたような傷がございました」。これだけで、袴田の供述が真実であること、警察がゴム草履を無視しなければならない理由が知りうるであろう。

## 10 極めつけの捏造──「5点の衣類」

冤罪袴田事件の偽装工作の圧巻は、「5点の衣類」である。静岡地裁のほとんどの公判で、警察と検察は一貫して「犯行着衣がパジャマである」としてきた主張を、1967年9月13日突然翻し、冒頭陳述を変更して「犯行着衣は5点の衣類である」とし、5点の衣類を証拠として提出した。

### 10－1　1号タンクの状況

（1）味噌タンク、味噌の仕込み、味噌の硬さ

こがね味噌社には、1号から24号の味噌タンクがあった。事件当時は1号から6号、11号、12号、21号ないし24号の12台のタンクが稼働していた。味噌は、桶とタンクに分けて仕込まれるが、短期間に仕込む時には桶を用い、タンクは1年ないし1年半ものを仕込むときに用いられる。タンクに仕込むときには、大豆と麹と塩を混ぜて人の力（足）で踏み、一杯になると板の蓋をして、その上に重しの石をおくというものである。

その結果、タンクに仕込まれた味噌は、いわば粘土のような状態で、その上を人が歩けるほど硬くなる。硬くなると、棒を突っ込んでも容易には

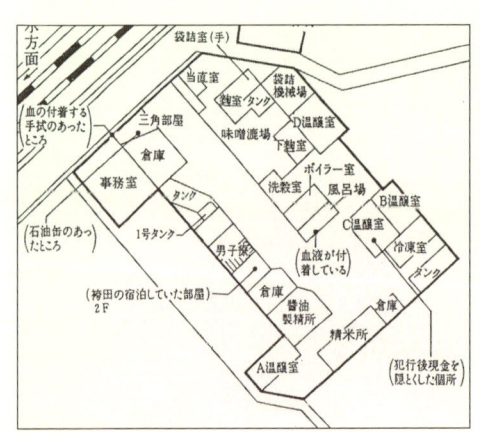

工場内部の見取り図

1号タンク

入らなくなるという。5点の衣類の入った麻袋を1号タンクに隠すためには、味噌が軟らかいうちにしなければならない。しかも、タンク内の味噌が小量でないと、タンクの底に麻袋を押し込むことなど到底不可能である。

(2) 味噌が仕込まれた日と麻袋を隠匿できる期間
　公判における証言によれば、1号タンクは、1966年7月20日と8月3日に仕込みが行われ、8月3日にタンクは満杯になった(地裁第18回公判調書)。そして、その後1年間は、熟成させるために誰によっても手が付けられていないはずだ。味噌が商品となるために、不可欠な期間なのである。だから、事件が発生した6月30日から、遅くとも8月3日の朝までに麻袋を隠さなければならないことになる。

(3) 不審な捜索
　1号タンクは8月3日に満タンとなったのだが、後日、捜査官の不思議な証言がなされる。
　警察は遅くとも、7月4日午前6時30分から味噌工場を家宅捜索していた。味噌タンクについても、3時間の捜索が行われた。無論、工場は従業員を含めて出入禁止とされ、1号から6号タンクについては、清水警察署防犯係刑事栢森光衛の班の4人が担当した。
　捜査の目的は事件に係る物証を探すことであるが、この班の捜査行動は奇怪である。捜査員が一人ひとり懐中電灯を持って、4人がタンクの表面を3時間照らしていたのだという。もっともらしいのだが、ここに見逃せない嘘がある。
　なぜ懐中電灯が必要なのであろうか。味噌タンクは、升の外壁の厚さ17cm、間口2m3cm、奥行が2m29cm、地上部分の高さが76cm、地下に埋まっている部分が91cmである。従業員の水野が1号タンクで麻袋を発見したのは、升の縁から1m65cm下のところである。タンク内は暗く、自然光は届かない。水野は味噌を出すときには、60ワットか100ワットの裸電球を吊して、中を照らして作業したというのだ。捜査に当たる者が、わざわざこの方法によらないというのは不自然である。事実、麻

袋発見後になされた春田警部補の実況見分調書では、「日没で暗くなったので、備え付けの電気コードを引き電灯をつけ見分することにした」とある。

ついで栢森班は、当初、味噌タンクの中の味噌を全部掘り出して捜索する予定であったが、かき回すと味噌に甚大な被害が出て商品価値が低下するので、表面だけを見ることにしたという。捜査活動において、捜索現場にある味噌の商品価値を考慮して、棒も突き刺さず、目視だけに止めるというのが捜索といえるのだろうか。

ついで、4号から6号までのタンクには樽が入っていたので、樽を全部外に出して、タンクの中を見たという。では、1号から3号タンクはどのようであるか。2号・3号は満タン状態であったという。しかし、1号タンクの状況はそれらと同一でない。8月3日に満タンになったはずではないか。

ここに公判での証言と矛盾する状況が生まれている。捜査官の証言によれば、このタンクには升の縁から下に1m20cmぐらい空きがあり、その下に味噌が入っていた。タンクの中の味噌を誰かがいじったような形跡はなかったという。ここにも、虚偽が見て取れる。味噌に甚大な損害を与えるとしても、底までわずか45cmしかないタンクに、なぜ棒を突き刺して確認する作業をしないのだろうか。

警察の隠蔽工作の極めつけは、捜索した現場、タンク、味噌の表面などの写真もとらず、班長がこれらの捜査の報告書も作成しなかったとなっていることである。本件では、おびただしい数の写真が撮られているはずであるのに、この工場のタンク、特に1号タンクの写真と報告書が存在しない。都合の悪いときには、報告書も含め存在しないとするのが警察の常套手段なのだ。このことは、8月3日の捜索後、必要が生じて1号タンクに麻袋を埋め込む作業がなされたことを示唆する。満タンの1号タンクは、後日、硬い味噌の搬出作業が秘密裏に重ねられ、麻袋が発見される状況が作り出される。無論、袴田でない人々によってである。

（4）1号タンクはこがね味噌の銀座通り

1号タンクに袴田が麻袋を隠す可能性を考えてみる。まず、1号タンクに作業中に隠せるであろうか。味噌の仕込み作業のときが、物理的には麻袋を隠すことができるタイミングである。しかし、仕込みの作業は昼間行われ、単独ではない。35人もの従業員が作業をしている。到底無理であると結論しなければならない。しかも、袴田の仕事は仕込みでなく、味噌の積み出し作業の担当である。タンクの中に入らなければ、隠せないのだ。
　では、作業が行われていない時間帯はどのようであるか。
　1号タンクの目と鼻の先には宿直室がある。味噌の仕込みが行われた日は、7月20日と8月3日であり、8月3日で1号タンクは満タン（合計約8トン）、その後、1年間は誰も手をつけていないはずであるから、タンクに比較的空があるこの日までに隠さなければならないことになる。しかし、1号タンクは工場の一番手前にあり、人通りがあり、宿直室も目の前にある。人目が全くつかない時に隠したいが、夜間は宿直、同居者がおり、タンクの真ん前には秋田犬がいる。さらに、当然警察は袴田を尾行していたのであるから、隠匿することなど、自滅行為であることは目に見えている。袴田が麻袋を隠すことは、物理的にもできなかったのである。

（5）麻袋発見の怪
　事件が発生して1ヶ月2ヶ月後の1967年8月31日午後4時過ぎ、こがね味噌工場内にある1号タンクから、市川進と水野源三によって5点の衣類が発見された、という。しかしながらこの発見劇は、奇怪・奇抜にすぎる。
　まず、タンク内で味噌に埋もれていたところを発見されたとする麻の南京袋を見ていただこう。コンクリート製の仕込みタンクの一番下で、「すりや」と呼ばれる赤味噌の搬出作業をしていた水野は、赤味噌を運搬するための箱にスコップで味噌をすくいあげているとき、スコップが通らないので何かあると思って上の方の味噌をはねてみると、中から麻袋の端が見えてきたというのだ。水野が麻袋を引きずり上げると、丸めた状態であったという。そして、常軌を逸した言明が出てくる。「こんなものが入っているわけがないと思ってひろげてみると中から血のついたものが見えたの

味噌タンク内

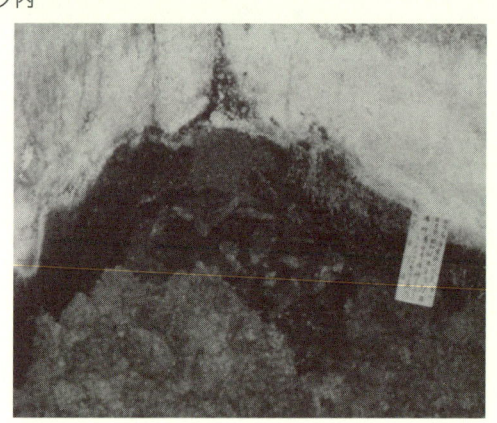

麻袋

です」。この証言には、予め、少なくとも南京袋の存在を知っており、その中に含まれているものすら知っていることが察知される。

　味噌の搬出に当たっては、味噌はスコップで面がほぼ平らになるように、または掘り出してすくい上げられるはずである。しかし、写真ではある部分がこんもりとしている。一見して、掘り出す者は、この「こんもり」が異常であると気付くはずであり、「カチッ」と何かが突っかかって気付いたというのは、誠に信憑性に乏しい。

　そして、「味噌の中は柔らかい」という水野の証言は、麻袋が、発見に

156

比較的近い時に埋められたことを意味する。一年前に麻袋を埋めた味噌であれば、もちろん味噌の種類によるが、粘土のように硬いはずだからである。齊藤弁護士が立ち合ったときには、「味噌の量はそこから25cmくらい、真ん中では10〜15cmぐらいの厚みにタンクの底の方にあった」とした。なぜ、時間が経過すると、味噌の量が減少しているのか。ここに警察が自覚したこと、味噌の硬さがあったのだ。硬くて麻袋を隠そうとしても隠せないから、隠し易い状況としたのだが、また足が出てしまった。少なすぎて、隠すどころの騒ぎでなくなったのだ。

　逆のことは、1年前に遡って見ることができる。1966年6月30日の事件直後の味噌の量は、帳簿上160kgであり、中心部から底までの外壁部の味噌の残量は20〜30cmであったが、7月4日には、わずか80kgであったというのだ。これを平らにすると、平均の厚さは1.5cmにすぎない。また、1号タンクの管理責任者は200kgは残っていたと証言するが、この量でも、平均4cmの厚さになるにすぎない。これらの異なる証言によっても、1号タンクの味噌の残量は、麻袋が隠しきれない量にとどまることを意味する。

　工場関係者によれば、8月3日で1号タンクは満タンだったはずである。ところが、公判ではこれらの証言と矛盾する状況が創り出されている。捜査官は、このタンクには、升の縁から下に1m20cmぐらい空きがあり、誰かいじったような形跡がなく、その下に味噌が入っていたように思うと証言した。両関係者の証言には明らかな齟齬がある。捜査官は、麻袋を隠すために味噌の量を増したことに辻褄が合うように、証言したと言わざるをえない。しかし、捜査官は、「誰かいじったような形跡がない」とも言う。自己矛盾であり、捜査官らの証言は論理的に破綻しているのだ。

　以上のことから、事件直後8月4日までは、犯人が1号タンクに着衣を隠したことはありえないとの結論となる。

（6）「しろうとが見ても血だ」
　麻袋の口が丸められただけでしばられていないというのも何とも怪訝なことだが、水野によれば、手を中に突っ込むと衣服が入っており、取り出

したら、しろうとが見ても血だと分かったという。取り出した着衣に付着していたのは、「確かに、血の色（鮮紅色）はしていなかったけれども、どす黒い色だったね。醤油なんかと濃さが違っていた。だから分かった」と言うのだ。赤味噌づけの着衣、その味噌臭は別として、血痕のある赤味噌づけの着衣は、1年間漬け続けて、あの程度にしか味噌が染み込まないのであろうか。漬けられていた麻袋も見分していないことから推測するしかないが、もっと濃くなるのではなかろうか。こがね味噌社製造の赤味噌に、綿製のステテコを漬けて実験したら、どのようになるのだろうか。

(7) 麻袋の味噌づけ

　味噌づけになったズボンの鑑定を行った砺波宏明鑑定人の1975年6月23日付鑑定書によれば、押収したズボンと類似したズボンを作成して、極力同じ条件でモデル実験を行ったという。味噌づけ期間が103日間を経過し、浸透状態もほぼ十分であると考えたとしている。その1ヶ月前でも、浸透状況が良好と確認されているので、2ヶ月あれば味噌は良好に浸透する。味噌づけは2ヶ月の短期間でできるのであり、タンクでなくとも、どこかのポリバケツの中でもできるのだ。最後の仕上げに、味噌づけにされた麻袋をタンクに埋め込む作業をすればよい。

　2008年3月に出された最高裁の再審請求棄却決定では、「長期間味噌の中につけ込まれていたものであることは明らか」とされた。しかしながら、素朴な疑問が生じるのは当然である。このような疑問に答えて5点の衣類の味噌づけ実験が行われた（「さいしん」第29号）。清水の救援会は、実際に人血を付着させた衣類を事件発生日と同じ6月30日につけ込み、発見日と同じ翌年8月31日に取り出して、1年2ヶ月味噌づけにする実験を行ってきた。

　実験の結果、実際に1年2ヶ月間味噌につけられた衣類の白地部分は濃いこげ茶色に変化し、発見時の衣類とは明らかに色合いが異なり、付着血液もどす黒く変化してそれが血液なのかさえよくわからない状態になった。

　この実験結果は、最高裁決定の根幹を揺るがす証拠となるであろう。

## 10－2　味噌樽から出てきた5点の衣類

　「科学鑑定」の勝利と大々的に報道され、「袴田の動かぬ証拠」とされた「犯行着衣のパジャマ」は、突然、全面的に否定された。検察は前代未聞の、冒頭陳述の根本的な変更を行ったのである。犯行着衣は事件の帰趨を決定する証拠物であり、このパジャマからは被疑者および被害者と同一血液型が検出され、また、放火の手段とされた混合油の成分も同一と鑑定されたはずである。警察と検察が、自ら事件全体を左右する証拠物を捏造し、虚偽の鑑定を繰り返していたことを公にしたということである。
　結審まで間もなくなって、事件全体に変更を及ぼす「味噌づけ着衣」が出現した。この謎に満ち一大衝撃となる事件を、マスコミは「新証拠」としてまことしやかに報道した。この新しい「犯行着衣」は、リークによる報道がなされた「血染めのパジャマ」とは異なり、秘密裏に処理され、唐突に何事もなかったかのように袴田の犯行着衣とされたのだ。
　静岡地裁の証拠物目録によれば、「5点の衣類」とは、「89 白ステテコ」（茶色に変色）、「90 白半袖シャツ」（茶色に変色）、「91 ネヅミ色スポーツシャツ」、「92 鉄紺色ズボン」、「93 緑色パンツ」である。
　袴田は、5点の衣類が全般的にサイズが異なるとして、自分の物でない旨の証言をした。特に、東京高裁の着装実験ではけなかったズボンについて、クリーニング店が袴田のために、腹の折り返しの左の角のボタン付近に入れてくれた「ハカマタ」のネームがないので、自分のものでないと明言した。また、公判後その旨を母親にも伝えている。クリーニング店に聞いて裏付けをすれば、袴田の証言の真実性が確認されたことである。また、白い半袖シャツは寮のいもん掛けに、ブリーフは寮におきっぱなしということである。それでも、これらの着衣が犯行着衣とされるのだ。

### (1) 5点の衣類に見られる血痕

　以下では、血痕に着目する。当然のことながら、ブリーフ、その上にステテコ、そしてズボンという順序で重ね、上着は、シャツとスポーツシャ

ツにそれぞれに血が浸透した痕に整合性があるか否かを観察してもらいたい。無論、血液型は、それに付け加わる検討事項である。

①「うすみどり色パンツ」（グリーンのブリーフ）

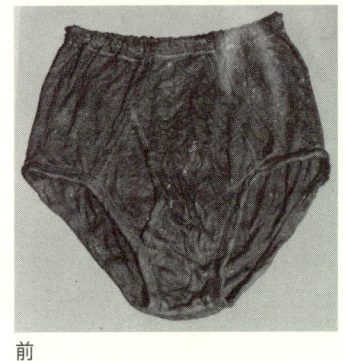

前　　　　　　　　　後

②白ステテコ（茶色に変色している）：木綿製で裏返してある

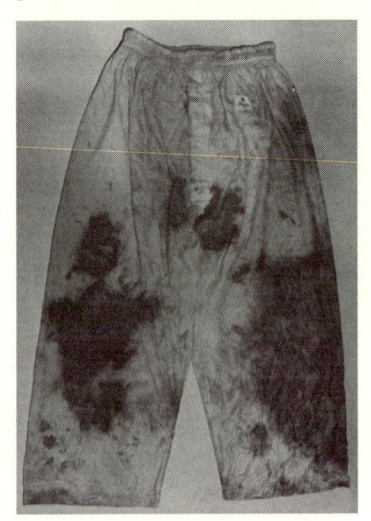

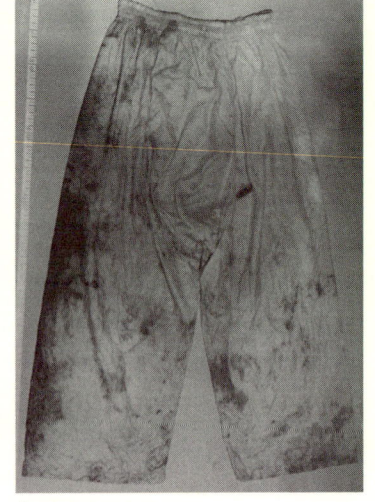

前　　　　　　　　　後

③鉄紺色（黒色様）ズボン：純毛製で裏返してある

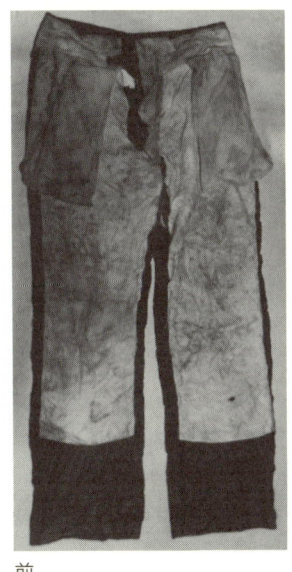

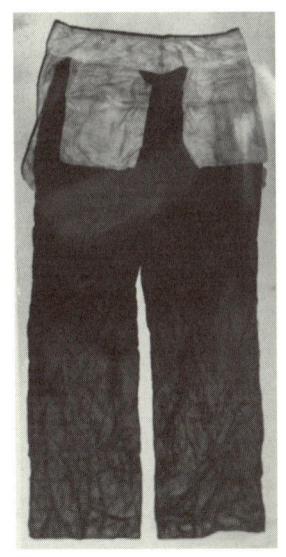

前　　　　　　　　　　後

　まず、裏返されているがズボンに着目する。裏生地と芯地そしてポケットの部分を特に注視すると、着装者の前面右側の膝の下から上に向けて、外側におびただしい血痕がある。では、その下にはいたステテコはどのようであるか。写真では、ステテコの方が裏生地よりも多くの血痕がついており、両足の膝下に相当な血痕がしみている。この2枚を重ねただけでも、2着の着衣の血痕の浸透は血痕の量と位置が整合せず、非科学的であるといわなければならない。この事だけでも、これらの着衣は同一人物が同時に着たものでないことが判明するというものだ。

　この点について、澤渡第2鑑定は、「ステテコについていた血痕は、ズボンの表面から裏生地にしみてついたものではない」とする。同趣旨の説得力ある鑑定である。今からでも遅くない。このような奇妙な血痕の浸透が可能であるか、不可能であるかを実証したい。浸透圧を原点として、着布への異常な血痕のつき方が解明できるのではないだろうか。

　では、ズボンの下のブリーフは、どのようであるか。ブリーフに付着した血痕の分布は判然としないが、春田警部補作成の実況見分調書によれば、

ブリーフには、前開きの口の縁長さ6cmにわたり巾1cmの赤紫色の血痕模様などが記載されている。しかし、ステテコの前面をブリーフの上に重ねた状態を想像してみると、春田警部補が記載した血痕の比で済むはずもない。ただし、澤渡第2鑑定によれば、ステテコにしみていた血痕の量は、20ml以下だという。しかし、小量であるとしても、ブリーフにはステテコの血痕の配置と異なる箇所に血痕が存在する。着衣の捏造がなされたことは、ここでも排除されえない。
　検証の写真ではルミノール反応と思われる青白い光が写っている。しかし、その上にはいたはずのステテコでは、当該箇所に相当量の血液の存在が見られない。
　話をズボンに戻そう。身体の後ろ側、お尻の側も整合性が無い。純毛製のズボンでは、左右のポケット部分に血痕が見られ、特に、左側のポケットの下側に多少の血痕がある。では、その下に履いたステテコは同じであるか。木綿製で吸収力のあるステテコの左側には血痕は見られない。奇妙ではないか。さらに奇怪なのはブリーフである。前記の春田警部補報告書によれば、後面には右上方より左方にかけ薄い同様の血痕様の付着があると記載されている。ブリーフの上にはいたステテコには、それに対応する血痕様などは全く存在しない。
　以上から判断すると、ズボン、ステテコそしてブリーフの血痕から、3枚の着衣とも重ねて着たものでないことが確認される。
　重要なことを失念していた。なぜ、ステテコの味噌の浸透が薄いのだろうか。いくら洗濯したからといって、ステテコが白すぎるのだ。綿製であるから、味噌の浸透の程度に疑念が生ずるのは当然である。全体的にシミが薄過ぎる。明らかに短期間の味噌づけではないかと思われる。この色の薄さに、警察の危機感とそれでも5点の衣類を作り出した創意の必要性が窺われる。
　著者は、味噌づけ着衣の色の薄さに根本的な疑問を抱いてきたが、前述のように、清水の救援会によりそれを解明する実験がなされている。科学の力を結集して、真実を明らかにしたいものである。

④白半袖Ｖ襟シャツ：木綿製メリヤス、裏返し

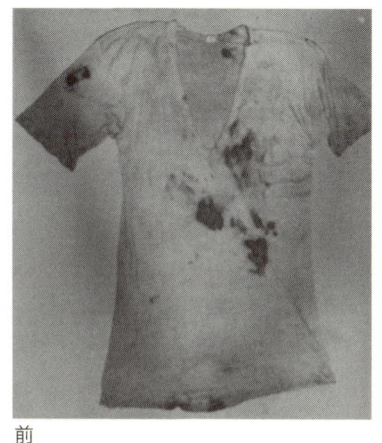

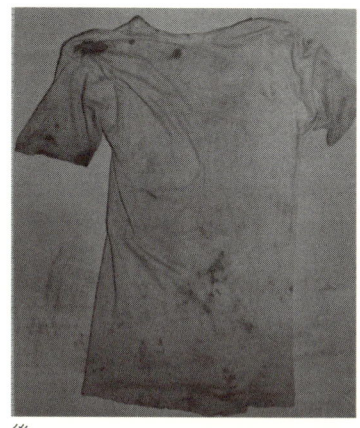

前　　　　　　　　　後

⑤ねずみ色のスポーツシャツ

前　　　　　　　　　後

　シャツとスポーツシャツの整合性についても、同様に２枚の着衣を重ねて検討する。まず、スポーツシャツである。これも広い面積の箇所に多量の血痕が付着している。ではその下の白半袖シャツはどのようであるか。整合性が見られない。胸元の血液は同位置ではなく、それより上に付着している。血液が上にこぼれ落ちた状態である。また、半袖シャツの右肩には血液が付着しているが、スポーツシャツには存在していない。
　背の部分も見てみよう。奇妙なのは、半袖シャツの左肩に顕著な血痕が

存在することと、腰の位置に多量の血痕が見られることである。このように多量に血痕があるということは、必然的にズボンとステテコにも流れ落ちて、腰部の前後には多量の血痕が存在すると思いきや、先ほど見たように、ズボンとステテコのこれらと接触する部分から血痕はほとんど検出されなかった。

　なぜ、警察と検察は、犯行着衣の全面的な変更をせざるを得なかったのか。実をいえば、公判の途中で、警察と検察にとって犯行着衣をパジャマから5点の衣類に代える必要が生じたのだ。私は推測する。特定はできないが、裁判所関係者の誰かが、殺人と放火の犯行着衣がパジャマであることに否定的であると考えているとの情報を、検察または警察に提供した、または、検察または警察が誰かからその情報を入手した。これが5点の衣類への変更劇の理由ではなかったか。

（2）被害者の血液型が散りばめられている
　5点の衣類が捏造であることは、疑問の余地がない。この判断は裁判官にはできないかもしれないが、一般常識を持っているものなら誰でもできるはずである。被害者の血液型は、専務がA型、妻がB型、次女がO型、長男がAB型である。袴田の血液型はB型である。5点の衣類には、O型を除くこれらの型の血痕が付着している。不可解の極みはブリーフのB型血痕である。ズボンにも、ステテコにも、B型は検出されていない。なぜブリーフだけに、B型の血痕が存在できるというのか。

（3）緑色のブリーフ
　着衣が新たに捏造されるならば、袴田の着衣は、本物と贋物の2着となる。袴田の義理の姉は、袴田の実家にブリーフが存在しており、袴田の逮捕後にも保管し、袴田逮捕後にそれを差し入れたというのである。家族がどうして嘘の証言をしていると裁判所は判断するのであろうか。
　速記録第14回公判調書（昭和46年12月9日）袴田巌の兄嫁の証言である（質問者は齊藤弁護人）。

――板の間の南側の押入れの中におばあさんがふろしきに包んで入れたという衣類の中身についてあとで聞いたことございますか。どんなものが入っていたということを。

「巖さんの肌着など入れておいたと。きれいなものを」

――それはずっとそのまま置かれておりましたか、それともよそへ持っていかれましたか。

「何か差入れに行く時にそれを出したと思います」

――誰が出して持っていった。

「その時に私はいなかったですけれどもね。あとから聞いた話におばあさんと主人と、それと実さんという人と」

――加藤実（袴田の実兄）。

「だと思いますけれども」

――それを差入れに使うといって持っていったと。

「ええ、そうです」

――（裁判長）それ誰に聞いたんですか。

「おばあさんに」

――（齊藤弁護人）その中にみどり色のパンツが入っていたということも聞きましたか。

「ええ、聞きました」

――それもおばあさんから。

「ええ」

　確定判決が、緑色ブリーフが袴田のものであるとする根拠は、こがね味噌の従業員のなかに袴田が緑色ブリーフをはいているのを見た者がいる、という供述だけである。袴田は実際に緑色ブリーフを所有していたため、これをはいているのを見た者がいることについては何の不思議もない。しかし、袴田の緑色ブリーフが５点の衣類中のブリーフなのか、それとも弁護人提出のブリーフなのかを判断する資料は皆無である。このような証拠関係の上で、どうして、「本件ブリーフは被告人のものである疑いが極めて濃厚」（原一審判決45丁裏、原二審判決38丁裏）などと、いとも簡単

に断定できるのであろうか（再審請求事件即時抗告審・最終意見書、平成13年8月3日）。

## （4）はけないズボンで死刑

　不可解な事態が発生した。袴田がはいていたとされるズボンは、本件事件発生当時、当然はくことができたはずである。ところがその後、袴田がズボンを着装できなくなったというのだ。
　写真で確認できるようにズボンの着装の可否は歴然としている。1975年12月18日の東京高等裁判所での審理において、5点の衣類の着装実験（検証）の際、3回実施された（1971年11月20日、1974年9月26日、1975年12月18日）いずれの場合も、袴田がズボンを「着装できなくなった」。常識的に考えれば、着装することができないズボンは袴田のものではあり得ないはずである。そこで、ズボンが収縮したとの着想が必要となった。

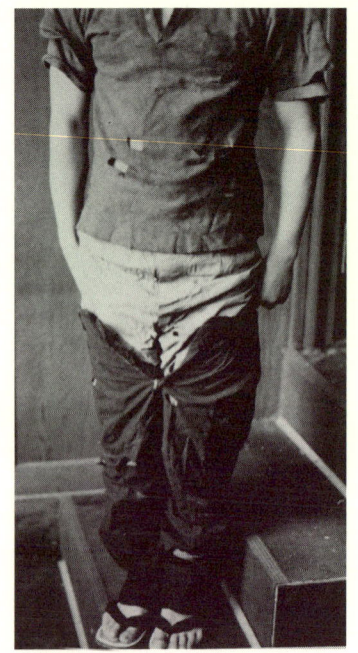

「はけなくなった」ズボン

　そもそも、1975年6月23日付の砺波鑑定人への「味噌づけになったズボンの胴回りの長さは、味噌づけによって、収縮しているが、収縮しているとすれば、どの程度収縮しているかを推測できるか」という鑑定事項に対する鑑定結果は、ズボンの胴回り寸法2.0cm〜4.9cmの収縮、表生地の収縮はわずかで、同裏地もしくは芯地の収縮による見かけの収縮であるとのことであった。この鑑定結果によれば、袴田がズボンをはけなくなるためには収縮の長さが小さすぎる。期待はずれの鑑定であった。
　そこで、新たな鑑定がなされた。90℃×5時間という強制乾燥が実施された。乾燥直後は、ゴワゴワとなり計測も

できない状態であった。乾燥の結果、胴回りでは10％前後も収縮する結果が得られたのである。

東京高裁判決は、信頼性の薄い証拠に基づいてなした極めて独断的な推認と、ズボンのウエストサイズは実際に測定した結果では68cm〜70cmであったにもかかわらず、もともとのウエストサイズは74.5 cm〜76.11 cmであって袴田の着用していたサイズの範囲内にあったとする、長時間の強制乾燥を用いた昭和50年10月20日付砺波鑑定書の訝（いぶか）しい結果を援用し、袴田は事件当時は本件ズボンをはくことができたと認定したのである。砺波鑑定は、ズボンの味噌づけ実験を実施したところ、その繊維は収縮しなかったにもかかわらず、ウエストサイズは収縮した事実から、上記結論を導いたものである。

これに対して、再審では新証拠として、間壁治子教授作成の鉄紺色ズボンのサイズに関する鑑定書が提出された。間壁鑑定は、砺波鑑定でズボンのサイズが収縮した理由は、同鑑定において鑑定人がウールのズボンを家庭用洗濯機で洗濯していたことと、計測結果についての誤りであることを明らかにした。

また、砺波鑑定においては、裏地もしくは芯地の影響を推定しているが、間壁鑑定は、この推定には何の根拠もないことも明らかにした。ただし、間壁鑑定は、1975年6月23日付砺波鑑定の糸密度・織密度によるウエストサイズを推定した部分は信頼のおけるものであるとしている。どれだけ繊維が収縮しても、織糸の数が増減することはあり得ないし、他方、味噌づけになっていなかった端布の織密度が判明しているのであるから、本件ズボンの糸数と上記織密度を用いて計算すれば、当然、元々のウエストサイズがほぼ正確に推認できるはずだからである。その結果、間壁鑑定では、1975年6月23日付砺波鑑定の結果である72.34cmないし73.4cmが、本件ズボンのもともとの正しいウエストサイズであるとしたのである。

これに対して東京高裁判決は、単に「寸法4、型b」の表示から、当時の規格でウエストサイズ84cmの「b4」サイズであったとし、それが1cm小さく縫製され、さらに小売店で約3cm詰められたものであるから、袴田は、「本件当時には本件ズボンを優にはけたものと認められる」と推

認した。しかし、前記の糸密度、織密度によって計算した数値が、きわめて精度が高いことは明らかであるし、まして、本件ズボンの実際の寸法をまったく資料としないまま、一般的な規格サイズや縫製に関する証言などを根拠にして導いた約80cmという東京高裁判決が認定した数値よりもはるかに信用性が高いことは明らかである。

さらに、東京高裁判決は、ズボンが袴田にはけなかった理由は、体重の増加やしわの固着などが理由であり、事件発生当時ははけたはずであるとした。しかし、体重の増加が理由にならないことは、巻頭写真にあるように、袴田が逮捕当時所有していたズボンを装着できたことから明らかである。そして、被服の専門家である間壁鑑定人が、実際にズボンを見分した結果、裏地・ポケット布の収縮も表布の収縮を引き起こしてはいないと判断されたのである。こうして、判決書に掲げられた東京高裁判決の説明は、間壁鑑定によって、すべて科学的に理由にならないことが明らかになった。

小さ過ぎてはけないズボンが袴田のものであるはずはないし、袴田がそれを着用して本件犯行を犯すことは不可能である。本件ズボンが袴田のものであり、これをはいて犯行を犯したとする確定判決の認定が誤っていることが、間壁鑑定によってはっきりと示されたことになる。

(5) 損傷がある二組の着衣の存在が意味すること

損傷がある二組の着衣が存在することも、犯行着衣の捏造を確信させる。特に、地裁判決が認定したストーリーについては検討を要する。袴田がパジャマの損傷を作出することができたとまで言うのだ。

### 袴田の証言

袴田事件では、当初パジャマが犯行着衣であるとされ、後日5点の衣類が犯行着衣となる。袴田逮捕の契機とされた、部屋の夜具入れ下段の蒲団の上に無造作におかれた白と水色の縦縞模様のパジャマの右袖上部には、傷の部位に相応する5.5×3cmのカギ裂きがある。上着とした国防色木綿作業着の右肩にも幾つかの損傷が見られる。

袴田の体のこの部分に、ルミノール反応があったことは事実である。袴

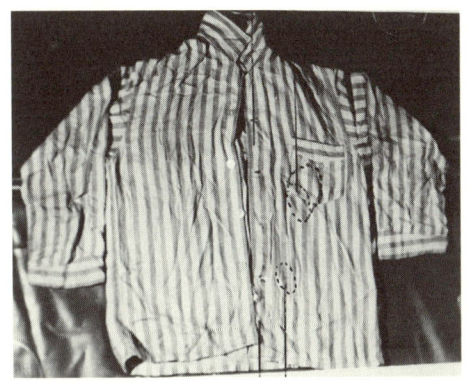

パジャマ（前）

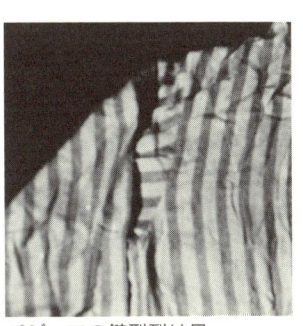

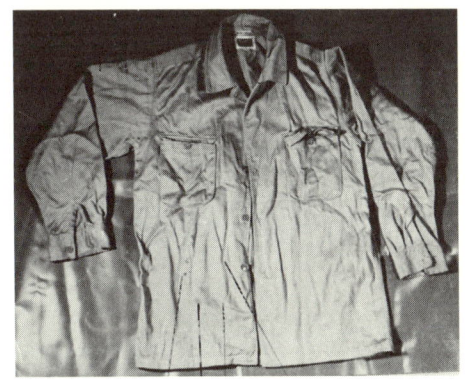

パジャマの鍵型裂け目

作業着（前）

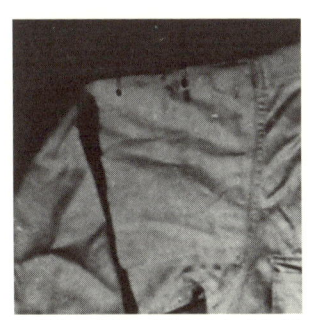

作業着の損傷（鑑定のために切除されている）

田は右腕上腕部の怪我と出血について、パジャマを着て行った消火活動の際、トタン葺き屋根の上で滑り、あるいは物干台の下の庇から瓦礫、ガラスなどの堆積している場所に転落したさい負ったものと主張していた。事実、右上腕上部前面には、横に走る1.5×0.5センチの大きさの比較的新しくできたと思われる紫褐色の化膿した創痕が存在した。

### 検察官のストーリー

　唯一証拠採用された検面調書では、当然のことながら5点の衣類は登場しない。検察官のシナリオでは、パジャマ（雨合羽）で殺害行為をしたが、専務に押しつけられた際、裏口の戸でパジャマを損傷した。その後、寮の

風呂場でパジャマとパンツを洗濯し、洗って濡れたパンツとパジャマを着直したとした。

ところが、5点の衣類が発見されたとした後も、パジャマと作業着の損傷、また、犯行着衣とされた白半袖シャツとネズミ色スポーツシャツにいつ損傷がついたのか、さらに袴田の受けた傷に関する主張とその立証は、全くなされていない。

また、本件火災のあと工場内作業のときに着用していたと認められる作業服上衣の右肩部分にも、内側からにじみ出たと思われるB型の血痕が付着していたというのである。

**地裁判決のストーリー**

静岡地裁の判決は、犯行前後に及び検察官により立証されていないパジャマと5点の衣類の着脱のストーリーを、以下のように推測、構成し、認定した。

パジャマを脱ぐ→5点を着衣（殺害）→パジャマを着衣（放火）→作業着を着衣（消火）

裁判所は、判決で以下のように言う。

即ち、犯人は5点の衣類を身につけて、その上に工場の三角部屋か脱衣室にあった雨合羽を着、くり小刀（当時は柄も付いていた）を所持して専務宅の土間に至り、そこでくり小刀を鞘から抜いて、鞘を雨合羽の右ポケットに入れてから、雨合羽を土間に脱ぎ棄て、そのあと、専務、妻、長男、次女の4名を右くり小刀で突刺し、その際、被害者らの血液が着衣類に付着したこと、犯人は右くり小刀を次女の死体の近くに落して逃げた（その後火災で柄の部分は焼失した）こと、血液の付いた着衣類を着用したまま、工場内に入り、少くとも工場入口のくぐり戸から入って、風呂場等を歩いたこと、さらに犯人は、本件犯行から、着衣類を脱ぐまでの間に、何らかの原因で右肩に傷を負って出血したこと、犯人の血液型がB型であ

ること等が認められる。
　また、放火との時間的先後関係をみると、専務ほか３名の死体の状況及び着衣に油が付着していなかったこと、パジャマには、被害者専務、同次女と同型の血液および、同質の油が付着していたこと等から、少くとも、犯人が工場内を歩いたのち、５点の衣類を脱ぎ、そのうち、被告人のパジャマを着て、（何処で、何うして着換えたかは不明であるが）石油缶から混合油を持ち出して放火に使用したこと、および、その後何らかの事情によって右被告人のパジャマが、７月４日には、工場内の寮の被告人の部屋に置かれていたものであることが認められる。

　前述したように、袴田のパジャマの右袖上部には傷の部位に相応する5.5×3cmのカギ裂きがあり、この部分にルミノール反応があったことは事実であるが、この事実は前記認定を左右するには足りない。袴田が後刻パジャマの損傷を作出することは可能である、というのだ。

**地裁ストーリーの矛盾**
　しかし、地裁は、犯行着衣である５点の衣類にも損傷と各種の血液型の検出を認定し、放火のときに用いたパジャマの上下衣にも損傷と血液型の検出を認める。パジャマ上衣の左胸ポケットの部分、下衣の右膝の部分に最も多量に、その他上衣の左前下側等にも人血が付着し、そのうち、上衣の左胸ポケットの人血はAB型、左前下側の人血は血液型不明、下衣の右膝の人血はA型、その他の部分の血液型は不明であると認定した。
　袴田のパジャマからこのような人血が検出されたのであるから、袴田がカギ裂きを作出できたとしても、パジャマのあちこちにあえて血液を付着させ、特にA型やAB型を付着させる必要はないはずだ。
　地裁は、５点の衣類に混合油が付着していなかったこと、パジャマには被害者主人、同長男と同型の血液および同質の油が付着していたこと等から、犯人が工場内を歩いたのち５点の衣類を脱ぎ、それから被告人のパジャマに着替えて、石油缶から混合油を持ち出して放火に使用したというのである。こうして、殺害と放火に別個の二組の犯行着衣の存在を肯定し

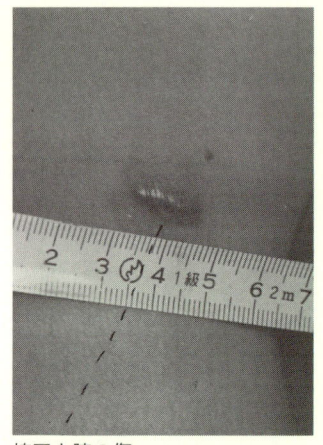

袴田上腕の傷

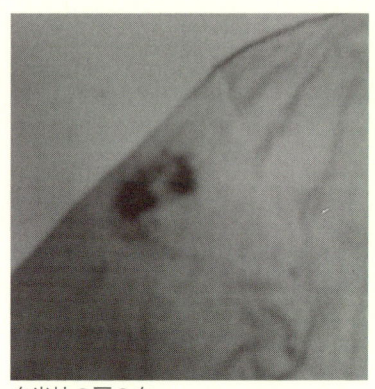

白半袖の肩の血

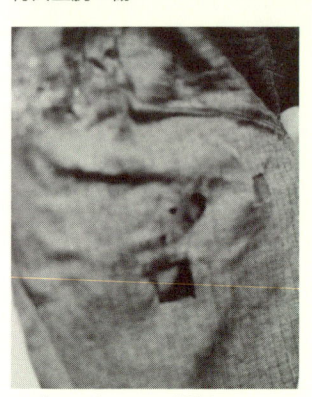

スポーツシャツの損傷

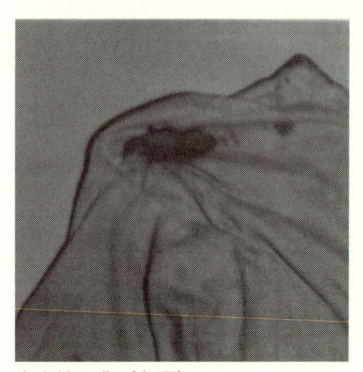

白半袖の背（左肩）

た。裁判所の認定に理があるとしても、少なくとも、放火に用いただけのパジャマに、かくも多様な血液型がなぜ付着するというのであろうか。

　次に、袴田の傷から出た血の付着する箇所が、パジャマと白半袖のシャツ、ネズミ色スポーツシャツのそれぞれで一致しなければならないはずである。しかし、袴田の傷は右腕の上腕にあり、半袖スポーツシャツでもそれらしきところにあるが、やはりずれている。パジャマでは、これに対応する場所からは、カギ裂きはあるがＢ型の血痕は検出された気配がない。

　さらに、5点の衣類のうち、白半袖シャツの右袖とネズミ色スポーツシャツの右袖上部のいずれにも損傷が見られるというのである。白半袖の

右袖の上部前面の部分（肩）に２つの損傷があり、この部分にいずれも内側からにじみ出たと認められる、袴田と同型のＢ型の血液が付着していた。

また、白半袖シャツの上にネズミ色のスポーツシャツを着用したところ（スポーツシャツの損傷の方がやや前側にきているようである）にも、3×3mmの大きさの不整形の損傷が認められる。白半袖シャツの損傷が２個でスポーツシャツの損傷は１個であるが、血痕の付着状況等からみて下に着用していたと認められる白半袖シャツは皮膚に密着しているのに対し、その上のスポーツシャツの着具合はゆったりとし、その損傷部分は不整形であった。袴田の右肩の傷は、白半袖シャツ、ネズミ色スポーツシャツを着用した上から何らかの作用を受け受傷したと認めるのが相当であるという。

しかし、疑問が生ずる。白半袖の背の部分、とりわけ左肩のところに多量の血が付着している。これは、どうしたものなのであろうか。これも上から何らかの作用を受けたものであるとすれば、スポーツシャツにも、それに対応する損傷があるはずではないか。写真ではそれを十分に確認できない。ルミノール反応もほとんど見ることができない。

## （６）袴田右腕上腕部の傷と着衣の血痕・損傷部分のずれ

東京高裁における５点の衣類の装着実験で、袴田の右上腕部の傷と衣類の穴の位置がずれていることが知られていた。ところが、人の腕がどのような方向にも動きうることから、衣服がずれる可能性があるので、傷と穴のずれの問題は深刻に考えられなかった。しかし、再審段階で澤渡教授による鑑定がなされ、服を着ていて受傷したときの身体の傷、衣服の損傷そして衣類についた血痕の各位置には、一定の規則性があることが解明されたのである。

すなわち、衣類は身体の動きにより必ず上にずれるので、受傷のときに出血した血は、その傷口より下のインクスポットの位置に付くというのである。ところが次頁図１が示すように、半袖シャツの損傷部分と血痕は、袴田の傷の位置よりも相当上のところに付いており、またネズミ色スポーツシャツの損傷部分も、同様に上に位置している。

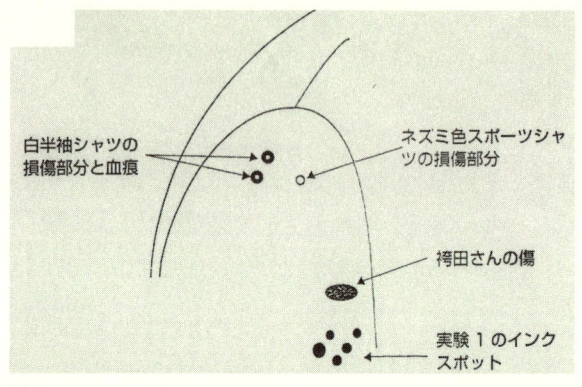

図1
出典：袴田事件弁護団『はけないズボンで死刑判決』（現代人文社）（図2とも）

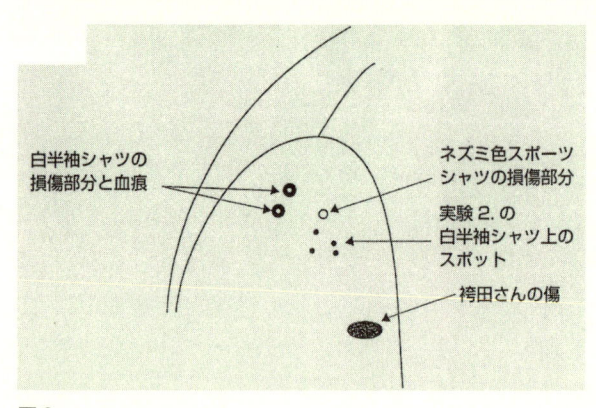

図2

　では、上着のスポーツシャツが引っ張られたときに受傷したとするとどのようであるかを示すのが、図2である。半袖シャツについて血痕の方がスポーツシャツの穴よりも下方にずれることになるというのだ。なぜなら、スポーツシャツが引っ張られて大きくずれても、半袖シャツのずれはそれよりも小さいので、スポーツシャツの穴と袴田の傷の中間に、半袖シャツの血傷が位置することになるからである。かくして、この澤渡第1鑑定により、2組の損傷と血痕のある衣類の存在する事態に及んで、5点の衣類が袴田の着衣でないことが証明された。

## 10－3　共布(ともぎれ)

ズボンの共布は、警察による物証の捏造の最たるものである。

(1) 共布発見の偽装

事件が発生し袴田が逮捕された後、袴田の実家も捜査されている。他の例に違わず、徹底的に捜索されたはずである。しかし、犯行に関連するものは何一つ発見されなかった。

その後事態は急変した。5点の衣類が1号味噌タンクから発見されたのだ。用意されていたかのように、検察側は冒頭陳述を変更した。しかし、これにより唯一証拠能力があるとして採用された袴田の供述調書を根本的に改める必要が生じた。犯行着衣がパジャマからズボンを含む5点の衣類に変更したので、着衣が袴田の物であり、袴田がそれを味噌タンクに隠したかのように装う必要がある。その極めつけのアイデアが共布であった。

5点の衣類が発見された12日後、松本久次郎警部と岩田竹治警部補による袴田の共布発見のときの様子を、捜査に立ち会った袴田の母、袴田ともがありありと証言している。

「朝8時を少しまわった頃、はいって来まして、書いたことを見せまして、私は目が見えませんから、めがねをといったら、よしよしといって、巌のことについて、手袋とバンドがあるかって、それを見せてもらうといってあがってきました」

岩田警部補はタンスから押し入れから、庭のほうまで捜したという。そして、警察官が引き出しの中

共布

第2部　徹底検証・袴田事件の真実

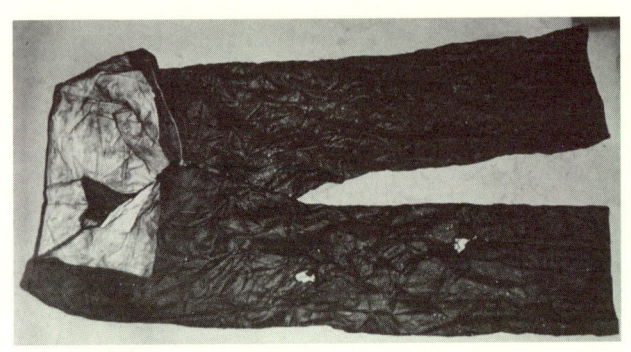

味噌づけズボン

にあったと言って、共布を見せたというのだ。狭山事件における鴨居で発見された万年筆を彷彿させるシーンである。

　これでも事態は衝撃的なのであるが、さらなる衝撃が追加される。警察による物証の捏造を決定づけるのは、岩田竹治警部補の捜査報告書であり、証言である。共布が「タンク内より発見された黒色ようズボンと同一生地同一色と認められ、前記ズボンの寸をつめて切り取った残り布と認めたので」というのである。要するに、共布を「発見したその場で」、味噌づけズボンの端切れだとわかったというのである（昭42.11.17静岡地裁第21回公判調書）。

　想像を絶する判断力の持ち主であるといいたいのだが、この報告書の作成者である警部補は、C温醸室のD樽下を捜索した担当責任者なのだ。味噌づけズボンと共布を見て欲しい。発見されたときのズボンは塩分等で固くなり、しわまみれで変色している。味噌づけのままであれ、水洗いされたとしても、一目で判断できるような代物ではない。

　私はここに警察の作為を確信する。共布が、5点の衣類が発見されたのではないのだ。発見されて、犯行着衣であると牽強付会にこじつけられたのでもない。ズボンを含む5点の衣類は、計画的に捏造されたのだ。

(2) 検事作成の供述書は何を語るのか

　吉村検事作成による袴田ともの供述書の怪訝な箇所は、まず、「三　ネズミ色長袖スポーツシャツ、黒っぽい色のズボン、緑色のパンツは送って

きませんでした」との箇所である。袴田の母親が、寮に残された物で送ってきてもいない5点の衣類を知るはずもない。吉村は熟知の上で作文している。

次に、「四　衣類の他、黒っぽい喪章の様な腕章のような物が南京袋の中か、細長い段ボール箱に一緒に入っていたので、喪章か何かと思ってベビーダンスの中にしまっておきました。この布は、この前家宅捜索に来た刑事さんが見つけて持って行きました。刑事さんの話によるとズボンの端を切ったものではないかということでした」とある。思わず「嘘でしょう！」と言いたくなる。検事は、袴田ともの供述していないことを記載した。一家の主婦を長年務めた者が、喪章と共布を区別できないはずがないのだ。

袴田ともは法廷で証言した。「三個の荷物の中に、黒っぽいズボンのすそを切断したような端布れが入っておりませんでしたか」との質問に、「一度も見ませんでした」と答え、また、「警察官が家の捜索にきたとき引き出しの中にあったといって、私の前に見せた」という。その時、「初めて見たのか？」「はい」ということである（昭42.11.17静岡地裁第24回公判調書）。

（3）ズボンに入っていたはずのネーム
　5点の衣類が捏造であることは、ズボンのネームでも確認されうる。警察は5点の衣類を捏造するに及び、さすがに袴田が所有するズボンの腰裏にネームがあったことまで思い至らなかった。袴田は5点の衣類に係る公判で、自分のズボンであれば自分のネームがあることを証言した。結局、裁判所より無視されたのであるが。

　袴田が衣類のクリーニングに利用していた店舗の斉藤氏は、以下のように証言した（第18回公判、昭42.10．5）。

――あなたの家では洗たく物を預かった場合にネイムをつけますか。
　「ついてないものにはつけます」

――ついているものにはつけないのですか。
「はい」
――あなたの家ではどういう方法でつけるのですか。
「赤い糸でえり首のところへつけます」
――ズボンは。
「腰裏です」
――ネイムは名字だけですか。
「片仮名で名字だけです」
――袴田から受け取った洗たくものであなたがネイムをつけてやったものがありますか。
「ないと思います」
――どういうわけでそういう記憶があるのですか。
「もうすでに他のクリーニング屋の名前がついていたのです」
――全部ですか。
「そうです」

　この証言からも、クリーニングに出される袴田の所有物には、ネイムが入っていたのは明らかである。5点の衣類の中のズボンには、ネームはない。

(4) こうしてすべてが仕組まれた
　共布は鑑定に回された。警視庁技官である近藤彰鑑定人は、共布とズボンの裾を「同一のもの」であると鑑定した。したがって、ズボンは袴田のものとされたのだ。しかし、5点の衣類の発見劇で見て取れるように、これらの着衣は、共布やポケットから発見されるこれ見よがしの絆創膏とこがね味噌のマッチ箱（後述）を含め、計画的に準備され、味噌づけにされたのだ。そして、共布も計画の一環として用意されていたのだ。
　『地獄のゴングが鳴った』の著者高杉晋吾氏は、この事態を皮肉を込めて、「パジャマ犯行説」から「味噌づけ着衣犯行説」への乗り換えの成功劇であり、義経の八艘飛びに匹敵すると表現した。

しかし、義経の八艘飛びは、実を言えば警察と検察の全面的な敗北に他ならない。なぜなら、本件の捜索が内部犯行説に基づく見込み捜査で始まり、肉眼では血痕の見えないパジャマを押収し、「血染めのパジャマ」として報道をあおり、袴田を地獄に陥れる手はずだったのではないか。しかし、5点の衣類の着想への転換は、警察と検察、報道そして袴田を有罪にするために協力を求めた関係者のそれまでのすべての行為を無に帰するものに他ならない。これだけでも、袴田は無罪が証明されうる。

「殺人時」の犯行着衣が5点の衣類であり、「殺人後の放火の時の着衣」がパジャマであるとの裁判所も認める奇っ怪な冒頭陳述の変更内容が実現可能であるというのであれば、机上の空論にとどまらず、実行可能であることが検証される必要がある。裁判所は、妄想と空想に惑わされることなく、事実を丹念に追求すべき場でなければならない。

## 10－4　絆創膏

### (1) 絆創膏の出所

5点の衣類のうち、ズボンの左前のポケットから絆創膏とマッチ箱が発見された。以下では、これらの小道具が袴田の所有物であるかのように装う目的で、意図的に挿入されたものであることを明らかにする。

袴田は6月30日の火事の際、左手中指に怪我をした。そこで袴田は、傷口を手拭を破ったものでしばっていた。この事実は、富安警部の押収品目録213からも確認しうる。火事が鎮火した日の朝、第2関節の辺りに傷を負い、脱脂綿で血をふき取って包帯（手拭切端）をしていたことが、9名の従業員と家族（とも、茂治、ひで子）により証言されている。袴田は、手拭いの切れ端を包帯代わりに用いたのだ。

これに対して、「どの指の怪我かも覚えて」いないにもかかわらず、手拭いの切れ端ではなく「絆創膏」とした証言者はわずか1名であった（静岡地裁第3回公判調書）。

検事の作成した調書も意味不明である。消火作業のときに、なぜ既に袴田の指に絆創膏が巻いてあり、それが剥がれかかったのであろうか。袴田はいつ怪我をしたというのであろうか。手拭いの使用と古い絆創膏から新

しいものへの取り替えも不可解であるといわざるをえない。

　検事調書二七の後半には袴田の証言とする以下のような不実記載がある。

　「それからどうしても中の様子が見たかったので、土蔵のうしろの物干しの上に登ったところ三人くらいの人がバールの様な物で土蔵の扉を突いていましたが開きそうになかったので私だけ物干台から土蔵の西側の屋根に登り、温水器ののっている附近まで行きましたが、家の中は暗く見えなかったので、あきらめて物干台のところに戻りました。

　土蔵の西側に行く途中屋根ですべって屋根の上に腹ばいになって両手をつきましたが、この時は怪我をしませんでした。

　物干台に戻ったところ、まだ三、四人がバールの様な物で土蔵に穴を開けようとしていたので、私もバールを借りてつついたところ、指の絆創膏が剥がれていたかったので、物干し台から降りて工場の二階の事務室に行き階段の横にあった、新しい手拭いで指の血を拭き、救急箱から新しい絆創膏を出して、古い絆創膏と取り変えて指に巻き下に降りてきて指の血をふいた手拭いを三角部屋の入口の下を流れている下水の中にすてました。すてるときは左手に手拭いを持って下水の蓋のすき間から下水の中に手首を入れて奥の方に指先ではじいてやりました」（傍点筆者）

（２）不実記載の供述調書

　吉村検事の調書の一部には、袴田が指に怪我をした直後に自分のボストンバッグから絆創膏を取り出し巻きつけたとするくだりがある。

　「指に怪我をしていたので、あまりきれいにあらえませんでした。それから寮の自分の部屋に上り自分のボストンバッグの中から絆創膏を出して、怪我をした中指に巻きつけました。

　それからパジャマにも血がついているかも知れないと思ったので自分の部屋でパジャマの上下とパンツまで脱いで素裸になり、脱いだ物を持って又風呂まで行き、脱いだ物を全部風呂桶の水の中につけて簡単に手でじゃぶじゃぶと洗い、そのまま水の中につけて、また寮の自分の部屋に上りました」

　疑問は多々存在する。第１に、調書に記載された、絆創膏の入っていた

袴田所有のボストンバッグが行方不明なのである。7月4日、清水署の富安警部は袴田の自室で絆創膏を押収したはずであり、数量は2個である。このボストンバッグにあった絆創膏を鑑定すれば、どこのメーカーの絆創膏であるかは分かるはずであり、ズボンの中で発見された絆創膏との同一性も容易に確認できるはずである。確実にそうできない理由があるのだ。警察の手法が、臭いものには蓋、または、隠匿・廃棄であることが分かる。

　第2に、ズボンの絆創膏は、着用者からみて左側のポケットに入っていたことである。中指を負傷している袴田が、負傷した利き手でもない左手でわざわざ持つはずがなく、絆創膏は右手に持つはずである。捜査官は、入れるポケットを間違えたのだ。

　第3に、既に言及したように、袴田が絆創膏を使用し始めたのは、火事の後1日または2日経ってからである。しかも絆創膏は、会社の救急箱にあったものを使用し、自分のバッグに入れて使っていたのだ。

　検事の調書は支離滅裂であるといわなければならない。

（3）絆創膏の同一性

　袴田は公判で、ズボンから出てきた絆創膏について、「見覚えがない」と言った。火事の後負傷した中指に手拭切端を巻いていたが、汚れた切端を脱ぎ棄て、事務室においてある救急箱の絆創膏を巻いて傷の手当てをした。そして、それを自室のバッグの中に入れておいたというのだ。さらに、袴田によれば、ズボンから発見された絆創膏と救急箱にあった絆創膏は違うというのである。手が濡れるため毎日1回替えなければならないので、発見された絆創膏の残量があるはずがないと言う。理は、袴田にある。

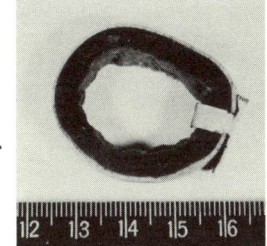

絆創膏（輪） 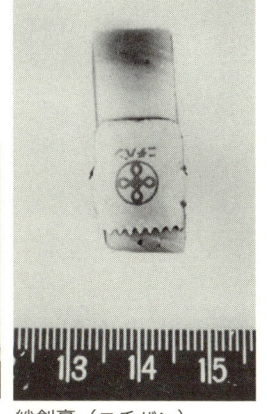　　　　　絆創膏（ニチバン）

（4）警察は絆創膏の製品名を知っていた
　救急箱の管理をしていた従業員は、吉村検事調書〈二七〉の後半部分で、「7月頃に、救急箱の集金と補充を持ってくる人が救急箱の内容、とりわけ、ニチバン絆創膏、ニチバンテープ、ニチバンサビオが入っており、その消費された個数も証言している。そして、警察の者もそのとき一緒であった」というのだ。警察は会社の救急箱の絆創膏を把握しているのであるから、袴田の部屋で押収された絆創膏との同質性を公にできるはずである。袴田のバッグ中の絆創膏を公にできないということは、ポケットから発見されたそれと異質のものであるということにならないか。

## 10－5　手拭いと手拭い切れ端
### （1）捨てた手拭いと検事の証言
　山本徹美氏の力作、『袴田事件』で取り上げられているように、袴田は、怪我をした中指の血を手拭いで拭き、それを三角部屋に入る入口の下の溝に捨てたというのだ。8月31日の公判で、勾留中の袴田を取り調べた吉村検事の内容が証言されている。
　その日の調べのポイントと被告人供述の概略は、どのようだったかの質問に対して、吉村検事は次のように証言した。

　「その日は主として指のけがの手当をした状況について聞きましたが、こがねみそ工場の二階の事務所に上がって左側にしょうゆを入れる木箱があって、その上に、会社の名前入りの新しい手拭が畳んであったので、それで、指の血を拭いた。そのときの拭き方は、けがをした中指をまず1本だけ包むようにして拭き、それからその他の汚れた部分を拭いた。それから救急箱にあった絆創膏で手当をしたあと、下におりて三角部屋に入る入口の下に溝があるわけですが、その溝の上あたりに、指の血を拭いた手拭いを捨てた。その溝にはふたがあるんですが、端っこの方が10センチぐらいあいておったんで、捨てた手拭があるいはその溝の中に落ちたかもしれない、という趣旨のことをいっておりました」
　——今の手拭いは、警察の調べでは、すでにそういうことが出ておったん

ですか。
「それまでは、そういうことは、(袴田は) 警察官にもいっていなかったし、調べに対してもいっていなかったです」

(2) 手拭いと血痕
　まず7月4日、警察による、溝の中から手拭いを発見したかのような写真がある。これが血染めの手拭いの発見現場だというのだ。しかし、袴田の中指第2関節の傷は、「ばかに血が出るな」と声をかけられるほどの出血であった。手拭いに付着する血量は、それに見合うであろうか。

雨水を受ける樋と枡

発見されたとする手拭い

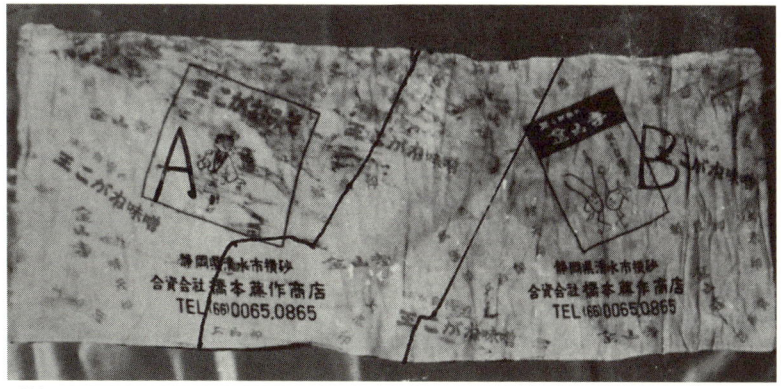

手拭い

また、袴田の証言では「右手中指をまず1本包むようにして拭き」とあるが、血痕の付着具合はそれを反映しているであろうか。どうしてもそのようには見えない。後で述べるように、この手拭いからはAB型とB型の血液が検出された。どの部分がAB型の血液で、どの部分がB型であるのか、科学的な検査に基づく結果が全く明らかにされていない。そして、中指を包むように巻いたのはどの部分であるか。およそこの写真では、巻いたような気配が感じられない。巻くとすれば中央部を使用しないだろうか。疑念は尽きない。

　袴田によれば、負傷後中指に手拭いの端切れを巻いたとするが、手拭いを血を拭くために使用したとか、溝の端に捨てたなどとは供述していない。ところが、吉村検事には「指の治療に使った後、溝に捨てた」と供述し、さらにその後鑑定で、AB型を含む2種類の血液が検出されたとされている。であるとすれば、この手拭いと袴田供述は極めて重要な証拠となりうるものであった。ところが、この供述調書は法廷に提出されなかったのだ。

　第25回の公判で、袴田自身が吉村検事に質問している、やりとりは実に興味深く、警察と検察の偽装工作を示唆するものである。

袴田「一昨年前の8月末に、検事さんは、こがねみその下水の下にあったという手拭いを調べたことございますね」
吉村「指のけがを拭いた手拭いの件で調べました」
袴田「そのとき、あなたは『下水にあったのは油も、血もついちゃいないから、認めてもいいじゃないか。これは事件に関係ないじゃないか』そういったのは覚えていらっしゃいますか。」
吉村「とんでもありません。そんなばかなことはありません。うそをいってはいけません」
袴田「私は、検察官がうそをいったとは思いませんが、現実にその日にあなたはそういったんです」
吉村「とんでもありません。私はそのようなことをいっておりません」

（3）AB型の後にB型の血液型の検出の怪

第 25 回公判における、被告人袴田と吉村検事のやりとりのいずれが真実を語るものであるかを示す証拠が存在する。袴田の血液型は B 型であるが、警察は当初、手拭いから検出された血液型は AB 型であると発表した（鈴木技師鑑定）。殺害された長男の血液型と同一である。ところが、検察官による冒頭陳述では、なぜか AB 型と B 型となっているのだ。吉村検事の追加的偽装工作が見て取れる。手拭で中指の血を拭いたとしたシナリオに合わせて、袴田の血（B 型）を追加したのだ。

　繰り返して言うと、袴田は中指の傷のために手拭いを使用したが、それを捨てたとは言っていないし、むしろ端切れで中指を巻いて使用したのだ。警察と検察はこの現実に蓋をすべく、血を手拭いで拭いて、絆創膏を使用し、血染めの手拭いを溝に捨てたとのシナリオを作成したのである。ところが、多くの従業員も袴田の家族も、袴田が包帯を巻いていたと供述または証言したことから、負傷直後からの絆創膏使用のシナリオがくずれた。その辻褄を合わせようとして、でっち上げた血染め手拭いに袴田の B 型血液を付着させることにしたのだ。

## 10-6　マッチ箱　―たかがマッチ箱、されどマッチ箱―

　5 点の衣類の発見。清水署からは春田龍夫と鳥居、運転手、静岡県警から刑事部捜査三課の加藤善吉が、白い大きな紙の上に載せて伸ばして写真を一つずつ撮った。「ズボン、チャックの内側マーク」などと書いては、その拡大写真を撮った。そして、ズボンから絆創膏に続いて、マッチ箱が出てきた。

（1）ズボンから出てきたマッチ箱
　警察の創意工夫を凝らした証拠物となるべきはずの物は、ズボンから発見されたマッチ箱である。しかし、警察の意図とは逆に、この証拠物が警察の作為を示していることに驚かされる。このマッチ箱には、橋本藤作商店の手拭い同様、登録商標の「王こがねみそ」の文字と「王」の文字の入った前掛けをして、みその入った袋を天秤のように肩に担ぐ少女の絵

マッチ箱1　　　　　　　　　　　マッチ箱2

が記載されている。そして、縁の一部には、「橋」の異字体が見られることから、合資会社橋本藤作商店が記載されていると推測される。他面は、「最高品」「こがねの金山寺」と箱が2つあり、左の箱には「慢の」文字が見えるので、「味が自慢の」という文字が存在していると思われる。

（2）これ見よがしのマッチ箱

　確かに袴田は、煙草（ハイライト）を喫煙していた。ボクサー時代から喫煙していたかは不明であるが、事件が発生した当時は、喫煙していたようである。しかし、マッチ箱がズボン左のポケットに入っていることに合理性が存在しないのである。

　袴田自らが犯人であることを他者に知らしめるためには、自首すれば済むことであって、わざわざ、自分が犯人であることを示そうとして絆創膏やマッチ箱を入れて、それを味噌樽につけ込むなどは無用のことに他ならない。犯人たる者は証拠として疑われる物を隠滅する行動に出るというものだ。

　これ見よがしのマッチ箱、これは警察による内部犯行説、橋本藤作商店との結びつきを強調するため、すなわち袴田を犯人とするための小道具なのだ。

## （3）マッチ箱のしまい場所

　愛煙家であれば、煙草とマッチ箱はどこにしまうであろうか。袴田は「ハイライト」を吸っていたが、紙巻き煙草も折れやすいし、マッチ箱も同じようにこわれやすい。だから、胸のポケットがあればここに入れる者がほとんどではなかろうか。無論、カバンなどを別に所持する場合はそうでないこともあり得ようが、敢えてズボンのポケットに入れることは考えにくい。5点の衣類の中にはスポーツシャツが存在する。だから、ここにしまうのが通例と言えよう。

　それをまた、なぜ、ズボンの右ではなく左のポケットに入れるのであろうか。袴田は右利きのボクサーだった。だから、右の手で胸のポケットから煙草の箱とマッチを取り出して一服となるところ、左のポケットに敢えて入れるようなことはしないというものだ。

　マッチ箱を入れた狙いは共切れと同一である。ズボンが袴田の所有物であるように見せかけたい。しかし、入れるポケットの右左まで配慮するに及ばなかったということである。

## （4）自供の図が意味すること

　犯行現場である専務宅からは、各所でマッチが発見された。食堂北西角の南側にある下駄箱には虎マッチ大箱と第一銀行の中型マッチ箱が各1個、表の8畳間の床の間は福井銀行と中央金庫の大型長方形マッチ箱、また、専務の青い背広からも検出されている。さらには、明確な記載がないが、仏壇や台所にもマッチ箱が存在したと推測されうる。

　さて、現場で放火のためにどのマッチを使用したことにしたらよいか。頭の中が真っ白になったのは、実は取調官であった。袴田が犯行宅にあるマッチのすべて

マッチ箱

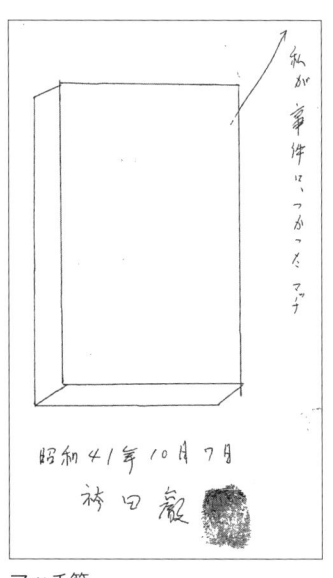

を知っていたとは到底思えない。

　5点の衣類から出てきたマッチ箱に描かれたものとは、手拭いにも使用されている「王こがねみそ」の文字と天秤を担ぐ少女の絵だ。これに対して、袴田が書いたとされるマッチ箱の図に、何も絵柄は書かれていない。袴田が犯行着衣を装着し放火の犯行をしたとすれば、自供の図として、所持している橋本藤作商店ご自慢のマッチ箱であることが分かるような図は書けたはずではなかろうか。袴田が何も図に絵や文字を書いてないこと、または書くことができないことは、放火の時点でも、また、5点の着衣の発見後も、彼が放火のための道具が何か、それがマッチだとしても、マッチの存在や内容に無知であったことを意味する。

　何も書いていないマッチ箱の自供図は、袴田がこの事件に無知であることを示す証であるといわなければならない。

　いまひとつ、「王こがねみそ」のマッチ箱にはマッチ棒が入っている。マッチ棒の頭に残存している薬品の量からも、味噌づけにされていた期間がわかる可能性がある。第2次再審請求の理由として、マッチの頭についても検証してみる必要があると思う。

# 第3部

袴田巖の素顔

当初、私は本書を2部構成にしようと考えていたが、最終的に3部構成となった。執筆を進めていく過程で、袴田巖を支援する、また、再審を求める多くの人々の声と姿を間近にして、袴田巖本人の声も読者に届けたいと思い、さらに、人間・袴田巖のことも読者に知らしめる必要があると判断した。ここでは、袴田が冤罪の犠牲者としていわれなき罪を着せられ、44年間、獄中に拘禁されるべき人間ではないことを、是非読者に伝えたい。また、最近の面会報告を掲載することで、長期にわたる拘禁が袴田にどのような影響を与えたのか、その現実を直視してもらいたい。

### 元プロボクサーとしての袴田巖
　袴田巖は1936年、静岡県浜名郡雄踏町に生まれる。中学生のときにボクシングに興味を覚え、中学卒業後、自動車修理工場の工員として働いていた時、地元のクラブでボクシングを始めた。1957年第12回静岡国体にバンタム級で出場し、団体戦3位という優秀な成績を収めた。アマチュアでの戦績は22戦15勝（7KO）7敗。その後、川崎にある不二拳闘クラブに入門した。プロに転向後の戦績は、28戦16勝（1KO）10敗2分2エキシビション。最高位は日本フェザー級6位である。1960年、袴田が21歳のとき、年間最多試合記録となる19試合を闘い、戦績は13勝4敗1分1エキシビションであった。1961年3月、後楽園ホールで全日本バンタム級チャンピオンと対戦（ノンタイトル戦）したが判定負けした。同年4月には、マニラに遠征し、フィリピン・バンタム級1位と対戦した。
　同年、眼と足に変調をきたし廃業。その後、再起を帰して故郷の静岡に戻り、清水市の味噌会社に就職した。ここが袴田の悲劇の地となった（「無実の死刑囚・元プロボクサー袴田巖さんを救う会」の資料より）。
　2008年1月、袴田巖死刑囚の再審請求活動を支援するチャリティボクシングが後楽園ホールで開かれ、日本ボクシングコミッション（JBC）は日本フェザー級6位だった袴田の功績をたたえる名誉ライセンスの贈呈式を行った。

# 1　袴田巖の手紙と書簡、獄中からの祈り

　袴田は事件の捜査、裁判ならびに取調官、検察官や裁判官らについて、また、獄窓から死刑と入信などについて、真っ直ぐで熱き想いをほとばしるように書き綴っている。ここでは書簡や手紙の一部を掲載する。その中には、『主よ、いつまでですか』（袴田巖さんを救う会）と『獄中の祈り』（袴田巖さんと生きる会）に所収されたものも掲載させていただいた。

　読者の皆さんも、袴田の表現能力に驚くことと思われる。姉の袴田ひで子さんのお話では、勾留された後、袴田から2種類の辞書の差し入れを求められたという。袴田の表現力や文章力は月日の経過と共に向上し、捜査官、取調官、検察官また裁判官の表現力を凌ぐ文章となっている。

　袴田手書きの書簡も2葉掲載した。最高裁に提出した上告趣意補充書がもっとも端正に書かれていると思われるが、頁数の関係で葉書に止めざるをえなかった。なお、掲載にあたり、誤記は著者が改めた。しかし、袴田自身の使用した文言、例えば、「真想」などは、むしろ、「真相」の語句よりも意を伝えうるので、（ママ）と表記することにした。また、袴田の文章は表現力に富むにとどまらず、一般の人に読み難い漢字も多く使われているので、著者が一部の漢字にふりがなを付けた。

　袴田は獄中で、母からの便りが突然絶えたことに「自分の人生で最も悲しい時が迫るのを感じ、体中一気に凍るような衝撃を受けた」という。

## 1−1　原判決の空理空論の誹りは免れ得ない
（1974年4月30日書簡）

　本件刑事の直感とか、印象は、捜査において尊重してはいけないのだ。そういうものは狂う場合が多いから頼りにする訳にはいかない筈だ。たとえ勘の冴えている者でも、そこは人間だ。真実はどこかの見分けは出来ない。本件のように刑事の直感的なものが逆目に出ると、とんでもない方向へ走らざるを得なくなる。捜査というものは直感とか着想だけでは、どうにもならないことを当局者は悟るべきだ。直感、印象、このような線か

ら犯人をたぐり寄せることは、偶然の幸運にでも恵まれない限り、極めて困難なことだ。本件捜査本部が抱いていたであろう楽観的見通しは、先ず、着想が狂わせたのだ。且、法に基づいて捜査を進め得なかったことにも起因する。同本部は本件において事件発生ただちに物証捜しをしていたならば、恐らく、本件物証血染のズボン等を発見出来たであろう。そして証拠に基づいて私を取り調べたならば、右、物を穿けない私は、速（ママ：即）、潔白が明らかになったのだ。即ち、本件が憲法に基づいて正しい捜査をしていたならば、私は、本件において逮捕される必要もなかったのだ。又、本件は捜査当局の着想の枠内に、私を嵌め込むために当局者は成し得る総ての悪を駆使したのである。従って、私の逮捕乃至その後の取調べ総てが違法であり無効といわざるを得ない。

そこで、その事実のない無効調書、昭和41年9月9日、検事調べの、この一方的にできた時を省みると、私は何か異質の有毒を感ぜられる空気を長時間吸うと、その息苦しさなどから人は死を感ずるものだ。且、刑事等によって殆ど全く頭脳が混乱され廃人同様に虐げられた。私に対する、吉村検事の調べは容疑者の意などまったく無視。同検事自身の考えだけで、即ち、証拠に基づかない取調べに独走したのである。彼は、犯人をどうしても作ろうとする奇人と化して、罵り、又ある時は刑事等によって拷問させることを仄めかし、終に、吉村検事自身の考え得る範囲の調書を労作したのである。右調書の内容は、一切が空で総てが無だ。従って、このような調書を王様視した、石見裁判長は、法の番人であるべき裁判官自ら法を犯し、且、全ての番人の顔をも土足で踏躙った、ことに外ならない。

原審判決の有罪理由の内容は、正に、事実無根で真実の実は全くなかった。それは腐った皮ばかりで食うところのない果実のような感じである。同裁判長は本件に当り、時折冷静さを欠き、判事としての、その発想が根本的に狂っていたのだ。彼は、決して物証の探究をしようとはしなかったのだ。そして検事の顔色を窺いながら本件に当ったのだ。彼は、正義の判事として検事の動きの意味をとらえようとはしなかった。彼は、本件において検事の薄汚れた動きの真の意味を悟らず、誤った判決を下したのだ。原審裁判長は、本件物証血染のズボンを被告人に穿かせて見ずして、右ズ

ボンを穿いて犯行におよんだ、としたのだ。右ズボンに関して私が穿いたなどという自白もない。同裁判長は簡単に見当違いの方向を独走していったのである。裁判長が本件において客観的事案を無視して独走した裏にはパジャマで調べたそれまでの意、いわば、たんなる彼の着想、主観が、というものが本件物証血染のズボンを、その時点で被告人に穿かせて見ることによって明らかに覆ることを極度におそれるの余り、無言の拒否を貫いたのだ。即ち、石見裁判長は正義を投げ捨て省みず、本件唯一の真の物証から事実を知ろうとしなかったばかりか、真実を追求しようとする人間的情熱も意欲も同人から認め得なかったものである。同裁判長は、本件のズボンを私が着用したという、その痕跡のなかったことの現実を見るのを故意に避けたという外はない。

　ご承知のとおり、本件は、右のズボンが穿けることなくては、本件犯人として成立し得ない事件である。然しながら、石見裁判長は、右の事を少なくとも怠った。このような判事は、いやさ国民として信頼出来ないものであり、増してや、被告人の立場で如何に法廷などで声を大にしても、その訴えの事実をくみとる判事は居ないのかもしれない。現実に原審の本件に対する扱いが、それを証明しているようなものである。即ち、穿けないようなズボンを私が持っている訳もないし、まして、そのズボンの端布が浜北市の実家に在る筈もない。本件刑事等の悪辣非道さも、ここに極まった。尚、本件物証の内、パンツに関しては、原審において、証人、加藤実によって右パンツは被告人の物で無い、と少なくとも考え得る証言が成されている。又、物証黒色スポーツシャツに関しては、同、裁判所において証人、袴田レイ子によって右スポーツシャツは被告人の持物ではない、と合理的にして考え得る証言が成されている。又、血染のズボンに関しては、被告人ではあるが、右のズボンは私の所有物ではない旨、主張している通りだ。尚、右ズボンの端布だと警察主張の本件の端布に関しては、同、裁判所において証人、袴田とも、が被告人の荷物の中には右の端布はなかった旨、証言している。同人が右荷物の中から実家の抽斗に入れた黒布は即ち、被告人の黒色人絹で作られていた、正真正銘の喪章である。尚、右の喪章は私が本件の葬式に使用したものである。袴田ともは、荷物の中に喪

章があったからその物を、特に、別にして同家の抽斗に仕舞っておいたのであろう。これが仮に、本件端布のような布切が荷物の中にあったとしても、単なる布切を、わざわざ、私の長男旭、のヘソの緒が仕舞って在る抽斗に入れる筈はないのである。

　袴田ともが原審で本件の端布を初めて示された時、同人は、このような物は見たことない、この物はなかった旨、の主張が真実である。本件の刑事等は実家の抽斗から私の喪章を盗取り、私を本件に結付ける為に端布が在ったと悪辣にも居直っているのだ。さて、本件の血染のズボンに関しては当審で明らかなように私には絶対穿けない範囲の物である。従って、前述の血染のズボン等本件の全ての物証が私の所有物でない事の状況証拠としても十分に足る証言である。又、右ズボンは私は見たこともない。少なくとも、私が穿いたという証拠も皆無である。ところが、原審判決の主旨は言う。被告人はもしかして本件の犯人でないのではないか、と疑う証拠の存在もない。これを考える時、私は同裁判長は、本件を調べたとは絶対に言えない、ばかりか同人の判事としての資格さえ疑うものである。判事は常に自分の行為の一つ一つに正当な理由が必要であろう。いかに巧妙に言いわけや説明で飾り立てようとも原審判決の有罪理由から窺えるものは、本件の事実を何とか隠蔽しようとしていることで、この判事悪は余りにも明白な事のように思えてならない。即ち、石見判決は煩わしい本件を早くすまそうとする余り尻を拭いて便所にはいったようなもので根本的に徒労で気違いじみているといわざるを得ない。原審の有罪理由なるもの、誰が聞いても著しく事実に反しているものだ。従って、原判決は空理空論の誹りは免れ得ないであろう。

　現在において原判決有罪理由総てにおいて色褪せたことは、当検察官にしてこれを被い隠す術はもはやない。さて当審も証拠調べの終ったと考えられる現在、被告人の反証に対して当局の反駁は有り得ない。強いて在るとするならば、それは抵抗らしい行為として合理的思考に立った検事らしい瀬踏みもなく唯、私の体重など窺いながら本件のズボンをはけたのではないか、という疑いを何とか後に、残そうとしていることである。然し、この行動は甚だ、証拠として価値のない抽象的へ理屈であって、言うなら

ば検事の無駄な抵抗の外ない。何故なら、本件の血染のズボンは、証拠写真でも判るように私の体重を40キロに減らしても尚、穿ける範囲とはいい難いものである。私の体格から視て本件のズボン使用の有・無を私の体重で争うこと事態不自然で論外といわざるを得ない。これは人間の骨格の問題であって体重にあまり関係のない範囲のことである。従って、髙検は現在において、私に対して本件の犯人呼ばわりは出来ない、ばかりか既に、私は本件容疑さえ無い。この事を前記の検事が私の体重を窺っている行為をもって如実に物語っているのである。右、理由から現在において、担当官に私を獄舎に留め置く根拠はないのである。今の拘置は事実上不当である。従って、私は当局に速釈放を請求するものである。さて、前記の総てを持って、以上のように本件の信頼出来る物証等から私の客観的無実は明白である。当審においての決手を持って私は、白以外の何者でもないのである。従って、髙等裁判所は、速やかに無罪を言渡してほしい。尚、原審の誤った裁判が私達親族に強いた有形無形の災難を思う時、私は強烈な怒りを感ずるのだ。

　私の拘（ママ）留中昭和43年、母からの便りが突然途絶えた。私は、この時自分の人生で最も悲しい時が迫るを感じ、体中一気に凍るような衝撃を受けた。そして私の手が、わななくのを唯、唖然と視る以外すべを知らなかった。総身に黒いさざ波のような戦慄が渡るのを感じながら、私は、浮世の全てを呪いたい程に猛暴的な気持の中で、又、しだいに絶望状態に陥ったものであった。その頃、獄中で両親の死を知った。私は、この事実が何かの間違いであることを神に祈って暮らしたものであった。然しながら、真実は誰にも否む（ママ）ことは出来ないのである。原審の誤った裁判が私の両親の生命を奪い、且、その死水をも私に取らせなかったのだ。この時から私の生を支えるものは憎悪に成ったのだ。今日私の皮膚の下には冷たい血だけが流れているように感ぜられる。そして何か割り切れないものを感ずるのだ。

　（お金を送って下さい。）
　　昭和49年4月30日　　　袴田巖

## 1−2 本件血染のズボンの端布らしい布切を、私は警察で見た
（1974年5月7日書簡）

　壱万円受取りました。有難うございました。お尋ねのことに関しては、現在物価高く、月、千円程、必要です。さて、次回公判は6月4日、私に対し尋問が行われます。7月2日の公判は、弁護人陳述が予定されて居ります。

　さて、今日私はクモが糸を吐きだすように自分の内側に留めこんでいたものを一気に吐きだしたく思うのである。本件捜査が行き詰って刑事等は有る種の幻想にとらわれたのだ。それは変な切っかけで不意に訪れて来たようだ。そのことは本件担当者を本気でそう信じこませたのだ。そして客観的に視て絶対にシロである私が一番怪しく思われて来たのだ。そして私の何もかもが本件と結付いてホンボシであるような錯覚に陥ったものだ。即ち、本件において犯人であることを示す物的証拠を集め、乃至証拠に基づいて犯人を解明しようとはしなかった。真の捜査とは犯人に対する時間的距離接近であろう。

　本件捜査本部に最も欠けていたものは、右の事と、物事の裏を考えず唯、目先の事にとらわれすぎ、ちょっと怪しいと思えば、つかまえて拷問して調書らしいものを取り、そして捜査は終ったと思っている。これこそ彼等の虚栄が一種の正義面をしただけだ。本件捜査当局は事実を知ることに先ず、怠慢であった。且、事件の真想（ママ）を突止める努力を著しく失った。そして捜査本部の着想が真実を捩曲げたものだ。その為、本件は初めから正しい方向に進み得なかったものだ。本件において刑事等は底も知れぬ沼のような犯罪の渦の中にその身を侵し、彼等は自分自身の職務とまったく逆行するところの偽証行為などするばかりか、既に、発生した現象すら満足に追えずして、彼等に本件真犯人が捕らえられる訳がないと思わざるを得ない。

　そして本件刑事等の悪も当審で極まった。何故なら、彼等刑事という人間どうしの強く結んでいる共犯者的な本質的に暗い連帯を私が看破したからだ。そしてその底に沈んでいるこの事件の澱みを見たのだ。即ち、捜査

本部は、私のパジャマに本件の血も油も付着していないのに、その暗い連帯の中で本件の血等が付いているような偽りの鑑定書を作成させたのだ。即ち、捜査本部の欲する着想犯人に物的証拠がないという事は、速（ママ：即）、世間や裁判所が欺けないのだ。その為、捜査当局は、パジャマ偽証という手立を取ったのだ。右のことを窺い得るものとして、且、証明出来るものとして、言えることは、本件物証血染のズボン等が発見されるや即座に事実上パジャマを引込めた。この行為に原審検事の誠との腹の内が如実に現れているのだ。即ち、パジャマに本件の油と血が付着していないのだ。右のパジャマに本件の血等が付着していないことは原審吉村検事も初めから知っていたのだ。そこで少なくも本件捜査が法に基づいて行われていたのであれば、本件の物証を中途で取替えなければならないような現象が起こる筈もないのである。
　右の物証替えの行為が明らかに、私の冤罪を象徴しているものである。彼等の偽証は底なしの沼にずるずるとはまり込み果ては、人間としての正義も人道も、この泥沼の底に投げ捨て命からがら這い上がろうとしているのだ。これが本件の警察だ。尚、当審で私のパジャマに油が付着していないことも鑑定書等によって明らかな通りだ。いずれにしても自分のパジャマに油や血が付着していないことは、私自身が承知していることで何人にも騙せる事柄ではないのだ。今となっては、右のものが付着するなどの警察鑑定は滑稽に過ぎるもので嘲笑したい。
　尚、本件血染のズボンの端布らしい布切を私は警察で見た。それは昭和41年10月18日（ママ）のことである。右の日に私は清水警察留置所から静岡市の拘置所に送られました。当朝のこと松本刑事が右端布を携えて来て私の前に置かれていたスーツケースに入れたのである。右の刑事所持の端布を私の浜北市の実家に持込んだことは、今や疑う余地もないことだ。本件捜査本部は右端布の真の出場所をここらでもう明らかにすべきだ。さて、私は本件のズボンのような鉄紺色の物は持っていなかったのだ。それは当審で明らかなように右ズボンのサイズから視ても、それが私の物で無いことは余りにもはっきりした事実である。又、少なくとも右ズボンを、私が穿いたという証拠も皆無である。調書一つ無い。

以上のことから見ても本件のズボンの端布が、私の実家に存在し得る筈はないのだ。ただ、有るとしたら、それは松本刑事所持の端布を刑事が携えて私の実家に行った。これ以外は絶対にないのである。即ち、本件ズボンなるもの私が絶対的に穿けないものである。従って、穿けないズボンを私が持っている訳もない。まして、そのズボンの端布が私の実家に在る筈もないのだ。本件刑事等の悪辣さも一様のものでない。右の端布の刑事いうところの実家にての存在場所、且、当日の捜査本部の捜索目的等、一切が不自然で端布が実家に在ったなどは刑事等の虚構で、正に、論外である。これは当局が捜索という隠れミノの下に彼等は当初の着想の間違いを何とか掩い隠したい余り、且、被告人は犯人に間違いないと裁判所を欺く為に、私の実家に右の端布を持込んだのものだ。
　当捜査本部は本件の捜査方針の誤ちを内外から指摘されるのを極度に恐れ、終に、権力悪を最大限に駆使したのであろう。誠に、本件刑事等は尋常一様の神経の持主でないのである。彼等の右行為は、白日の下において彼等をも含む本件糾明に係る人間個人の幸福を阻止する以外の何ものでもない。本件当局の偽証は明白なことなので、文書を持って正式に訴えられたならば、当局はその糾明を避け得ないことになる。本件刑事等は、ここに来て、蜘蛛の糸にたぐりよせられる昆虫と化した。おのれを悟るべきだ。又、本件捜査の杜撰さは、語るも汚らしいものだ。本件は私が犯人らしいという当局の欲する想像の構造物に事物を捩曲げて組みこんで居る。つまり、当局欲する筋書に、私を嵌込もうとしたのである。嵌込むに当り次々と偽証という汚れた泥沼にその足を踏み入れざるを得なくなったのだ。彼等の迷いこんだ混乱には限界がない。
　本件において私を犯人に仕立てることは当初から一切が不可能の霧に掩われていたのだ。当局者が、白を黒に強いるにしても、その偽証には限界があった。何故なら、本件血染のズボンは、いかなる人物にも、私に穿けるように、これを大きく作り変えて衆目を欺くことは不可能であるからだ。本件担当者は右のズボンが私に到底使用できないことを写真乃至物証によって気付き、担当者自身意識の底に不意に真実の証明をいやというほど浴びせられ、その目の眩みに耐え難い思いをしたであろう。担当者は、そ

の時、本件の真想（ママ）の一切全てを覗(のぞ)いていることに気付く筈である。そしてこれ以上私を無実ではないのではないかと疑う愚かさも悟らねばならないのだ。当審検察官は右のズボンが私に穿けないという、まぎれもない事実を持った反証に対して検事としてのその合理的反証は今だ皆無である。何故なら、私の現在体重60キロが仮に、40キロに減ったとしても尚、本件のズボンは私に穿ける範囲の物でないのである。右ズボンと私の身体の差は余りにも大きいもので、その事実は本件証拠写真を視れば誰にも容易に理解出来るのである。

　さて、現在本件に関して、もつれた糸をほぐすようなわずらわしさは、覚えない。私は今日まで総てに火を見るべき予期して居た。然し、自然に水を見た心の内の胸の奥底にかすかに疼(うず)きのようなものを感ずるのだ。過去の私は拒まれた者のみが抱く敵意が強くこもっていたような気がしないでもない。然しながら、今は絶対に勝つ真実はかならず勝つと確信している。さて、浮世というものは。私という人間の運命を私以外の人間の死にて影響するものか。本件は、会社のボスの死がよび起こした波紋の一つが意外なところまで及んでいるのだと私は思わざるを得ない。本件の手口も単純でない。一見の単純さは、複雑な模様の一部分のようなもので部分的にばかり眺めていては、とても全貌を理解することは出来ない。

　その最もたるものが焼け紙幣であり、バスの中に有ったという現金である。この二つは金銭的に余裕な本件真犯人が巧みに時を捕えて操ったものだ。右の二つの紙幣の存在が娑婆に居る本件犯人を象徴しているのである。そこで、証拠に基づいて本件唯一の物証から犯人を推測するならば、そこには少年と容易に想像出来る。何故なら、証拠のスポーツシャツが先ず問題である。右シャツの襟の部分に茶色らしい線が通っているようだ。右のような線が入っているスポーツシャツは、即ち、少年用である。この事実は原審証人の清水市の百貨店に勤めている某氏が証言しているとおりだ。又、本件物証ズボンに関しては、右ズボンのサイズから視て犯人は体重40キロ前後と考察できる。従って、右ズボンのその犯人の骨格と右シャツ少年用を合わせ考えた時、本件真犯人は華奢(きゃしゃ)な少年のような人物であると考えるのが自然である。まして、本件の殺害状況を聞く限り、そこから

考え得るものは、矢張、犯人は華奢な女のような人物であるといえる。又、被害者の身体に沢山残された刺し傷、および、油を使用したと思われる放火、これらの異常的行動が、速、華奢な者の犯行としてのみ肯定出来るものである。尚、殺人事件一般から、逞しい者の犯行は押並べて一突きにこそするが、本件のように無数的に刺すことは考え難いのではないか。以上のように、本件を考察するに真犯人は華奢な者と断定できる。又、右の人物に近いところに本件被害者が死んで将来において大きく儲かる者の存在が有ると思うものである。今、血を見た猛禽（もうきん）のように血脈の昂ぶる感情の動きに身を委ねながら、私は心の中で写しだした影を見さだめようとしているのだ。拳闘の果てに勝利をつかんだ選手のように、この頬の筋肉のゆるみを感ずるのは何時か。

昭和49年5月7日
秀子様
袴田巌

## 1-3 私は純白がゆえに作意あらば何色にも染まる
（1975年3月25日書簡）

　拝啓、お姉さんもお元気でお暮らしのことと存じます。私も我一念に過ごしております。早速ですが、黒色ズボンと水色半袖、M型、ポロシャツを4月末頃に送って下さいませんか。尚ズボンのウェストは78センチ股下64センチ、裾はシングルにして下さい。宜しくお願い致します。

　さて、3月13日の公判で刃物の鑑定人尋問が行われました。刃物に関して検察側の主張は、本件くり小刀の尖端が破損した後で被害者を殺傷したとしているが、この検察側の考えは今回の尋問によって完全に封殺されました。ところで本件無罪解決は時間の問題というところまで煮つまってきました。後は、どうでもいい残務処理の段階であるから判事が自分の発意というような形で弁護側が希望している線をぐいぐいと推進して行く筈である。この意味で、当裁判所は信頼していい。又、ベテランであるから実務の経験から来た知恵が集積されて一つの身についた持ち味というようなものになっていることを、私は認める。何れにせよ、当裁判所は本件の

冤罪を当の昔に気付いて居るのだ。という感触をその言動に私は得て居る。さて、次回公判3月27日も取消になるようです。何れにしても、本件の審理は終りで、後はズボンの収縮についての鑑定待ちです。このズボンの収縮についても2月の末に鑑定結果が出ることになっておりましたが、ある意味で難苦（ママ）しているようで6月頃鑑定結果を出すことになると思います。

　さて、本件当初に於て刑事等の私のパジャマに血が付いていると偽証などから苛酷な本件に縛られて自分が出る所へ出て全力をつくすほかはないと思った。私が捜査陣の偽証を暴露するには、先ず、どうしたら好いかと吟味した。そして思い付いた。この時の私の感動は大きなものであった。一種絶望的に暗く閉ざされていた心の中にも一筋の希望の光がひらめき出すのを感じた。私は眼には眼その言葉にしたがい、自分のペースで偽証者等の意表を突いて乱れさせ、本件に関わる真想（ママ）を法廷に出す。もちろん、こういう一石か（ママ）、どれだけの効果をあげ得るかは、当時やって見なければ分らなかったし又、新しい重大な事実が判るかもしれないのだ。

　幸にして原審途中にして本件の真の物証血染の衣類が発見された。私はこの時点で晴れたのだ。ところで、私が本件真犯人でない以上、事実の追及の下には当然、明白な反証が見出せるものと堅い信念に基づいて公判廷で彼等と争う事を当初決意していたのである。そして現在本件審理過程の成果としては、第一に私のパジャマは本件に無関係である。第二に、血染の衣類は私の所有物で有り得ないこと。従って、問題の端布は、私からは消える。ブリーフの存在は、この第二の私の所有物でないという事の説得力からいって決定的証明といえる。第三に、本件犯罪行為、原審のいうの総ての点に於いても、鑑定人乃至証人によって否定されたこと。右の事実からしても現在に於いて検察官が私を真犯人だと正面きって言い得る根拠は皆無である。このような本件裁判の進行内容の意味は検事にとって自分で自分の首を絞めているもである。一方私にとっては犯罪審理という面だけに限定したならば大きく一歩を踏み出したと言えるであろう。

　本件に於いて私の白は明白だ。争う余地はない。私は純白がゆえに作意

あらば何色にも染まる。

昭和50年3月25日

秀子様

袴田巖

## 1－4　1977年5月11日葉書（権力犯罪）

私の無罪は明らか

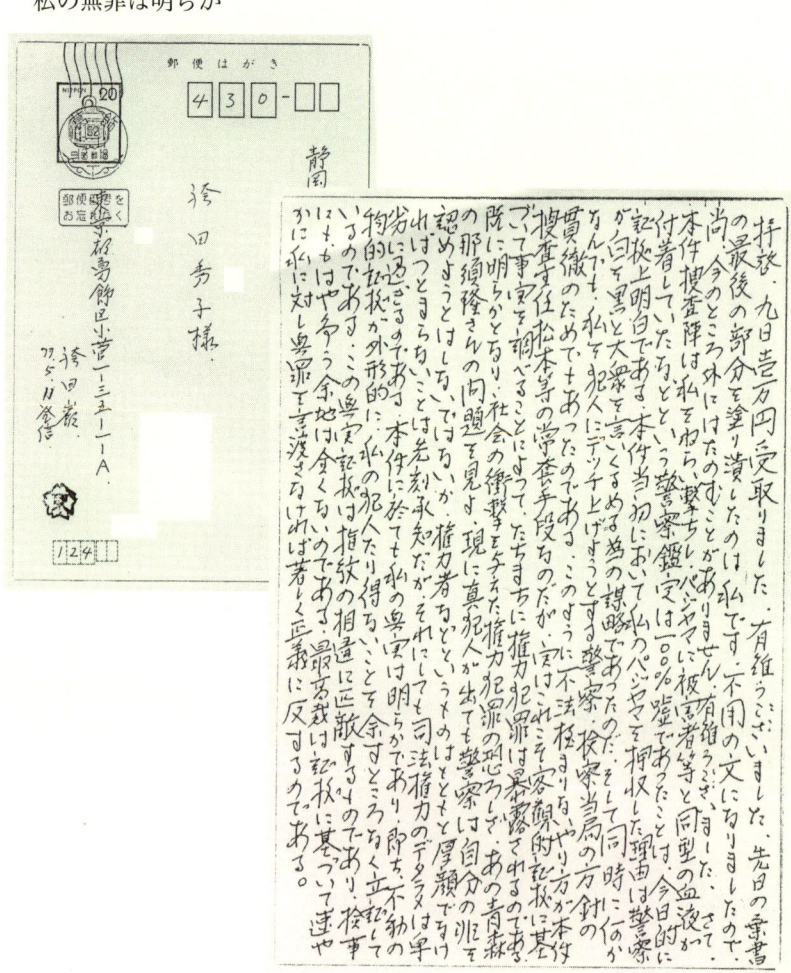

拝啓、九日壱万円定取りました。有雄うございました。先日の葉書の最後の部分を塗り潰したのは私です。不用の文になりましたので不尚、今のところ外には変りがありません。さて本件捜査陣は私のパジャマに被害者等と同型の血液が付着していたなどという警察鑑定は一〇〇％嘘であったことを今日的に記認したのである。本件当初において私のパジャマを押収した理由を警察がら問い、赤と黒と大声で言って、私が犯人にデッチ上げようとした捜査主任松本等の学査手段であったのだ。このような警察手段の卑劣さは棚にあげて、たちまちに権力犯罪が暴露されるやり方で自分等を守る事実をそらすとすることは、社会の衝撃を予測する権力者なりにとってその阻隘の問題を見るにつけ現に真犯人が出てもの認めようとしない、ではないかといる事実な刻承知しているのであるが、この事実は非常に私の犯人たり得ないことを余刻に示すものであり、すなわち本件に於いての私の冤罪は明らかに過ぎる、ではない。拘束的状況が指紋の相違に正反するものであるが、司法権力の示す結論はこの事実に基づいて早くにはかやる余地は全くないのであり、最高裁判所我々にあいに私に対し冤罪と言渡さなければ著しく正義に反するようである。

# 1－5　1979年4月11日葉書（3名の最高裁裁判官の退官）

言葉の操作を駆使してデッチ上げ

皆様お元気でお仕事に励んでおられることと存じます。東の方の庭は今花盛りです。上空では雲雀が盛んに高鳴きを始めました。暖かくなりました。その一点に於ても肉が容易になります。これを期に一層の奮闘を誓う決意です。さて、本件を審理しております最高裁第二小法廷諸官三名が、この三、四月に相ついで退官しました。同原昌男長官、吉田豊、本林譲です。彼等の退官は善良な国民票にとって。減に喜ばしいことです。彼等の本質反動的裁判官たる事実、その罪労とは、事実に従わるばかりが言語の操作を駆使してデッチ上げを行ふということだ。許多の面的真実を提供している物的証拠をも討殺くたり、見て見ぬ振りをすることにあり、その上彼等は狭山事件、布川事件にも象徴されるように、彼等の違法を呉残に棄却くれた挙であります。彼等の如き人類の厳

現代の重責任を荷け今生の歳月の水の流れに溺死する他はないのであろう。少くとも今や罰され長期化を題となった本件を、今や罰肉同然になってしまった今、裁判閑争を避けて、反動彼等にとって家事ては不可能であったことだ。我々は、彼等が自己の裁判官任務の最後をぶち壊されなかって、本件上告を退け得なかった。事実上、その場みを彼ら三名の結果、退官という顛末が、我々に、勝利の有意義性を余すことなく示しているのであります。早々

郵便はがき
NIPPON 20 日本郵便
43
袴田秀子様
小菅 3-1-1A
袴田巌
79.4.11 記

第3部　袴田巌の素顔　203

## 1－6　聖書と私 (1981年7月19日)

　聖書の教えは最初から私の胸に迫って来た。今に至るまでのこの示唆は、私の中に眠っている怠惰的な考え方、獄中だから仕方ないという一面に於いていわば安易な生き方を揺すぶる強力な教えである。聖書の教えは、あらゆる角度から人間生活をえぐっている。いやでも人間の弱さ、到らなさ（ママ）を御神の光りの前にさらしている。私は、次第に、聖書のみ言葉を聞かないことは大いなる損である、と思うようになった。
　マルコによる福音書11章24節
　そこであなたがたに言うが、なんでも祈り求めることはすでにかなえられたと信じなさい。そうすれば、そのとうりになるであろう。
　ある時思います。10年後も、20年後も私はこうして同じように拘禁され、屈辱多い毎日を繰り返しているのではないか、という疑念を繰り返すだけで老いていく人生、そう思うだけで権力犯罪の罪の重さを知る。私は生きていることが、これでよいのかと考えずにはいられません。人間が日々老いていく、これは当たり前で当然である。
　我々の生まれたその日から、確実に死というものに近づいている。死から遠ざかり得る人間はどこにも存しない。この当然を多くの人は考えようとはしない。あるいは忘れているのではないか。人間は必ずいつかはなにかの原因で死ぬるものである。死なぬ人は全くいないのだ。人間が死ぬ存在であることを、本当にその深い意味に於いて知っている人こそ、本当に聖に善に生き貫いている人なのである。この人は何者も束縛しない、束縛が罪であるからだ。
　では、この世の極悪人とはどのような者を指すのであろうか。恐らく生きていても死んでいる状態の人間であろう。もっと突っ込んで言うならば、要するに、人のためには決して動かない人間を指すのだ。つまり人のために働くことのない人間の心は正しく死んでいるのである。自分が存在する故に、この世が清くなる、少しでも楽になる、これが大いなることであろう。人のために生き抜いた人間の死は、すべての人々が心から悼むのであ

る。これが本当の意味で正しい人間の死なのではなかろうか。生きているか死んでいるか分からない生き方では死ぬことも出来ぬ、というのが常識ある人間の本当の思考から来るものではなかろうか。

　死が確実に迫った人に対して、励まし、希望や勇気を与えることは不当なのか、とすると、これこそ本物の極悪人の生きざまではないか。神は人間によりよい生を与えている。人間は生きている限り、すべて使命がある。他からはどんなにつまらぬ人間に見えても、神にとっては貴重な存在に間違いはない。どんなに残忍でも、冷酷でも、皆何らかの尊い使命を負うている。そして、その誰にも、神は人間として新しく生きる力を与えたもうている。人が人として生きて行くための神業ともいうべきものを、神の力の聖と義と善と真実でものの見事に聖書で体現されておられる。神の無限の力をすべての人が知らねばならぬ。

　死刑囚にとって今日の一日は有っても無くてもよい一日であったのだろうか。どうしてもなくてはならぬ素晴らしい一日であったろうか。もしくは無かった方がよかった一日であったのか、そして又、彼らは考えるであろう。今日のような毎日の積み重ねは何の意味もないと。自分の毎日の生活を大別すると甚だないほうがよかったと思う日が多いのが獄中者に唯一共通するものである。しかしこのように少しでも生を意識すると、自分の生活を大切にしようと思うようになる。すると、おのずと一日と言えどもいい加減に生きてはならぬことを知る。前記の通り私たち人間はすべて死ぬ、必ず死ぬ。事故か、病気か、老衰か、とにかく必ず死ぬのだ。今日より明日は死に近い。私は漠然と日を送ってはならないのだ。この私に本当の生き方を教えてくれるのが聖書なのである。

## 1－7　死刑——人間として間違っていないだろうか？
(1982年5月13日)

　死刑囚にデッチ上げられてから間もなく13年目に入ろうとしている。

　死刑を宣告されてから、私は間もなく東京拘置所に移された。そこには確定囚が20人程と未決囚が20数人いた。彼らの殆どは処刑を待つ苦しみの中で、己を喪失した醜いヒステリックな発作が起こる前にいさぎよく

自殺したいという願望をもっていた。この願望は、最高裁で死刑が宣告されると益々強度になるようであった。私は彼らと毎日話をしたものである。当時、昭和43年〜46年位までは朝から晩まで話が出来る状態であったのです。私は多くの死刑囚の話を聞きました。そして死刑は残虐で恐ろしい行為だと初めて知ったように思います。

死刑囚という言葉がまるで他人ごとであった昔は、それはたんに死ぬる人、という意味でしかなかった。そしてそれは、あたかも不断に巡りくる生と死の普通の法則そのものとしていて漠然と理解していたといえる。死刑を殺人と見ず、寿命の概念に無意識にあてはめていたのである。このことは私一人が感じていることではない筈だ。市民社会に（ママ）大部分がこの観念の中にあるのだと思う。

殺人者に対する応報は絞首刑であるという考えは人間として間違っていないだろうか？　私はこの死刑囚という特殊な境遇にデッチ上げによりおかれ、初めて死刑の残虐のなんたるかを熟知した。確定囚は口をそろえて言う。死刑はとても怖いと。だが、実は死刑そのものが怖いのではなく、怖いと恐怖する心がたまらなく恐ろしいのだ。この襖脳（おうのう）、苦悶（くもん）からくる苦痛は、ただの死という観念からくる苦痛と全く異質のものなのであるようだ。

その意味では、私を支援、激励してくれる死刑の心配のない人の中にも、この違いが理解できていない人もいる。実際、死刑囚の気持ちをわかってやれというのは無理なのかも知れない。然し、この文明社会で多くの死刑囚が分かってくれることを願っている。

## 1－8　息子よ、気を落とすことはない（1982年11月28日書簡）

11月28日、晴れ。今朝方は大変に冷え込んだ。私も肩の辺が寒くて目覚めた。今、午前9時過ぎ。獄窓から日光が監房の壁を明るく照らし始めた。静かな一時である。先程から白い便箋を睨みつけ全身全霊にうずく恨みの糸口を、どのような形で出し、ときほぐしていくか、憤慨と当惑と悲哀で色褪せ、見るものすべて遠く、まだらになるばかりである。ふと思

い出して大封筒をひっくり返して開いてみると、ひきさかれた裏側にぎっしり書かれた豆つぶほどの文字が目に痛い。獄中16年余の私にも、その文字はあたかもただれた皮膚を刺す害虫のように、あるいは硫酸をかけられた肌のように、チカチカジンジンと目頭を熱く刺激するのである。読んでみると、無実であるのに死刑判決を下され、うらさびしい秋に冷たい鉄格子を握りしめて、むなしく生きていた当初の私の心の内をありのままに抉(えぐ)り出した記録で、愛する息子に叫んだ活字であった。

　息子よ、お前はまだ小さい。判ってくれるかチャンの気持を――もちろん分かりはしないだろう。分からないとは知りつつ声のかぎりに叫びたい衝動にかられてならない。そして胸いっぱいになった真の怒りをぶちまけたい。チャンが悪い警察官に狙われ逮捕された日、昭和41〔1966（編集者注）〕年8月18日、その時刻は夜明けであった。お前はお婆さんに見守られて眠っていたはずだ。3日後の土曜になれば、お前の面倒をみてもらっているお婆さんの所に行って、愛らしい顔をして眠っているお前のほっぺをなぜてあげたのに。その父親としての義務さえ果たせなくされてしまった。警察はチャンを逮捕したが、その間違いは必ず判ってもらえると信じていたが、その道理がこなごなに砕かれてしまった。果てしもなく繰り返し書き変えられる調書、それは調書というよりむしろ血塗られたイケニエである私の姿を、推測した調べ官が描いては消しまた描いては消すという、何幅かの画であったのかも知れない。全身がむくみ、ところどころに青痣(あおあざ)が走っている。その体は両手を広げたままぶっ倒れる。はれあがった目をうつろに開け、結んだ口から血を流している自分の姿。こうした人間地獄でチャンが苦しんでいるのは、もしかしたら息子やお婆さんや兄姉や親族たちが負った、心の傷のせいであったのかも知れない。それまで私は、いたらぬ子であり、いたらぬ弟であり、いたらぬ父であったが、お前がこの父を、この世で一番価値がある人間だと信じていたことをチャンは知っている。そしてお婆さんもお前も、〔私のことを（編集者加筆）〕力だって強くこの世で一番頼もしい本格派の男性だと思って来た。だのに、いったいどうしてこんなことになっているの。

　どうしてうちのチャンを縄で縛りつけ、どなったり殴ったり蹴ったりし

て、やっていないことをやったとして強要なんかするの。警察の人はチャンより強いの。うそだいうそだい。うちのチャンが警察に負けるような、そんなそんな……。こんなふうに子であり父である私は推測しながら、お婆さんとお前がチャンに対していだいた印象を分析してみたり、批判してみたりしている。そしてうちひしがれた親族たちを想像しては、私は苦しみを再生しているが、しかし、息子よ、気を落とすことはない。たとえお前のパパが荒縄で縛られたといっても、私がその人たちより力が劣っていて力量で負けたのでは決してない。司法権一体のねつ造が罷り通る現在、体を縄で縛られた人と縛りあげた人の勝敗を現象だけで決めるという、そのような単純な事態では今は絶対にないことを信じてほしい。

　(『主よ、いつまでですか』(新教出版社、1992) 104頁以下から引用)

## 1-9　チャンはこの鉄鎖を断ち切ってお前のいる所に帰っていくよ (1983年2月8日書簡)

　2月8日晴、斉藤弁護士に手紙を記して発す。昨日戻された手記同封。入浴、昼食、午後洗濯、拭き掃除、新聞、本読む。
　私に対する取調べは人民の尊厳を脅かすものであった。殺しても病気で死んだと報告すればそれまでだ、といっておどし罵声をあびせ棍棒で殴った。そして、連日二人一組になり三人一組のときもあった。午前、午後、晩から11時、引続いて午前2時頃まで交替で蹴ったり殴った。それが取調べであった。目的は、殺人・放火等犯罪行為をなしていないのにかかわらず、なしたという自白調書をデッチ上げるためだ。
　9月上旬であった、私は意識を失って卒倒し、意識をとりもどすと、留置所の汗臭い布団の上であった。おかしなことに足の指先と手の指先が鋭利なもので突き刺されたような感じだった。取調官がピンで突いて意識を取り戻させようとしたものに違いない。
　デッチ上げを行なった個人に恨みを持つものではないが、だが、かかる非人間的行為をなさせる代用監獄という土壌はなくなるべきである。私はこの血臭としたたる血を想像させる監獄の近代史にたいし、今また無実の

私を束縛してこの凍りつき錆びつき赤茶け古ぼけた、鉄鎖と対決しなければならなくさせた、歴史は繰り返すという反復作用をみた。その生証人として存在する自分の悲しみを骨身にしみて実感している。
　息子よ、どうか直く清く勇気ある人間に育つように。すべて恐れることはない、そして、お前の友達からお父さんはどうしているのだと聞かれたら、こう答えるがよい。
　僕の父は、不当な鉄鎖と対決しているのだ。古く野蛮な思惑を押し通そうとする、この時代を象徴する古ぼけた鉄鎖と対決しながら、たくさんの悪魔が死んでいった、その場所で（正義の偉大さを具現しながら）不当の鉄鎖を打ち砕く時まで闘うのだ。
　息子よ、お前が正しい事に力を注ぎ、苦労の多く冷たい社会を反面教師として生きていれば、遠くない将来にきっとチャンは、懐しい（ママ）お前の所に健康な姿で帰っていくであろう。そして必ず証明してあげよう。お前のチャンは決して人を殺していないし、一番それをよく知っているのが警察であって、一番申し訳なく思っているのが裁判官であることを。チャンはこの鉄鎖を断ち切ってお前のいる所に帰っていくよ。
　息子よ、御支援の人々と私共は、挾雑物のない心で再審開始の正当性と進展を望み、それに結びつけられている自分たちの生活を愛し、冤罪一掃に向かって闘う同志として、名状し難い共闘愛とその躍動を愛している以上、ある場合、個人の生きようとする意志、生きる意味を貫徹しようとする、意志と肉体の働きとの釣合が破れることが起こるかも知れない。そうした時、私は、徹底して闘う無実の人として、自分の希望する生き方をもって貫こうと思っている。
　無実の人とは言え、余生のほとんどないことは、他の冤罪事件に積極的に取り組まれた人々の知るところである。
　われわれは余生なからんことをみて、動揺してはならない。今私は、この点では全くゆるがぬ正当な理解をもつ歴史の人として幸福の中にある。私は、今後どのように自分の生涯が終わるかということは分からない。最後の挨拶と喜びの一声もお前に述べ得ないでしまうということは、何としても残念である。

本件に協力して下さって皆様方にも、この文を持って共に闘った喜びと最後の挨拶とした。実際、皆様方ともお会いできる保証はないのだから。だが、私が消えるわけではない。われわれは必ず勝つ、その具体的課題については今は語るまい。
　軟弱な人情におぼれてしまえば、その人の発展の可能性は初めから、その芽が枯れ朽ちているといえる。少なくとも私の息子は、こうした点で正義の所在を混乱させて迷うことのないよう、心から望んでやまない。
　息子よ、チャンの主題は冤罪一掃問題、すなわち真理に実を結ばせるべく、先ず花を咲かせ、民衆の力を結集し、真理を裁判所に認めさせることだ。チャンは過去の多くの冤罪事件で、論じられ指摘され、追及もされた権力のデッチ上げという問題も、真理問題のなかの一片の課題として理解するものだ。だからチャンが逮捕された理由も、そういうデッチ上げ物証捏造の事実のあった点から検討されなければならない。
　しかし、チャンは主観、客観いずれも不動な真理を押し通すことができず、このザマになってしまっている。権力の利己はいつまでも、空恐ろしく、人間として考えてみれば残念至極だ。
　(『主よ、いつまでですか』(新教出版社、1992) 114頁以下から引用)

## 1－10　上告趣意補充書 (1978年5月18日、昭和51年 (あ) 第1607号)

　被告人　袴田巖
　私は、住居侵入、強盗殺人、放火、被告事件に依り、昭和51年5月18日東京高等裁判所に於いて棄却(死刑)を言渡された者でありますが、昭和51年5月19日最高裁判所に上告申立を致しましたので、左の通り上告の趣意補充を申し上げます。

　はじめに
　高裁裁判決には重大な不正があるので、無実人が満腔(まんこう)の怒りをこめて、この醜悪極まる権力犯罪を訴える。本件に於いて、高裁が犯したドス黒い体現、5・18控訴棄却2周年を迎えるにあたり、私は、正義ある人民と

共に渾身の力を打ち固め不当の極限を為すに至った。髙裁の偏言狂と一層根深い詭弁（きべん）と破廉恥さを厳しく弾劾し、新たな決意こめ断固追及し、我、無実を満天下に明らかにするものである。

　第一．髙裁は、私のゆるぎない無実証明に恐怖する余り、全く理由なき有罪判決に訴えた。我々は、この大暴挙を法の下で粉砕しなければならない。況んや二審審理は、私の無実性を全面的に明らかにしたものである。取分（ママ：多分）新証拠のその外形の重大要素に於いて、私の無実性は誰が見ても不動であった。ところが、髙裁は不当にも有罪に歪曲、操るに都合の悪い諸点は飛越し又は詭弁を吐き、遂には合法的理由絶無という今までにない新しい極悪の典型というべきペテン判決を弄すに至ったのである。この内容は、常識ある現実の人間の思考からは到底導き出し得ないものであり、正に、この想定事態狂の一言に尽きる。先ず穿けないズボンで犯行はできない。このようなことは常識人なら誰でも一致した考えである。しかるに、髙裁はこの事実にすら反き（ママ）遮二無二白を黒だと虚偽で塗りつぶし、司法殺人を行なった憎むべき人非人である。我々はこの髙裁認定の狂人性、ドス黒い暗黒性を一掃し白日の下で公正なる裁判を進めさせなければならない。我々は再び反動とペテンを許してはならない。髙裁の反動性は二例をあげれば、次の点にそのドス黒い本質が露呈されている。即ち新証拠が顕著に示したのは、真犯人の決定的外形である。第一に、右肩に二ヵ所の傷跡が存在することである。第二に、血染のズボンから推して真犯人は、被告人の体型より細くかつ極めて違型であることである。このように真犯人像は本件明確である。しかし、この第一、第二の真犯人像を被告人は全く満たし得ぬ人間である事実に争いはない。従い、被告人に対する当局のデッチ上げによる疑惑の一切は、否応無く物証の面から完全に消え去ったといって過言ではない。しかし、髙裁は絶対に穿くことのできない血染のズボンを事もあろうに本件当時は穿けたなどと極めて悪質なデッチ上げを操作するに至った。この髙裁認定そのものの絶対的矛盾、その支離滅裂ぶりは如何にも冒されており、我々の処し方としてもまともな反論にも価しない文字通りの虚構虚偽の集積作文に過ぎない。この判決は、明らかに違法であるばかりか裁判のＡＢＣすら忘却したものである。かか

る未曾有の暴挙は速やかに訂（ママ）されなければならない。最高裁第二小法廷諸官は、無実証明に基づき本件を無罪にすべきだ。

　第二．本件の最たる問題点について更に言及したい。即ち、新証拠中の白半袖シャツ右肩に存在する二つの穴と、その穴を中心にそれぞれ直径2．5センチメートルの内面からしみ出た人血の存在が明確にした本件真犯人像は、紛うことなく右肩に二つの傷跡があるということである。これら損傷は穴そのものの状態又、内面からの人血の状態、それにも増して穴を中心に丸く付着した人血の状態から見て、この損傷は極、不断なる負傷を被ったものと思われる。いずれにせよ、右事実は真犯人には右肩に二つの傷跡があるという決定的真相を露わにするに至ったものである。従い、右肩に二つの傷跡が存しない者は、その事一つ明らかに示すことにより、本件とは無関係であることが確実となる。この正条理に依り本件物証に相応する傷跡の全くない被告人は、論を待つまでもなく当然無罪である。再三論ずるが、私は新証拠と比して外形的に全く異なる人間であることは既に、疑いを入れる余地すらない。被告人に限り真犯人でないことは誰にも断定できる。要するに真犯人の氏名は今だ不詳であるが、だがしかし、少なくもこれだけは断言できる。真犯人は被告人以外の者であるのだと。この事実が新証拠のもつ最も確度の高い要素により明白であるが故に、私は無実に立脚して主張するのであります。

　真犯人にあらずところの人間として決定的物証を有す私に対し、可惜国税を浪費してきた司法の罪は重い。同時に12年近くにも渡り無実鮮明なる被告人と、その家族に強要してきた測り知れない、謂なき蔑視と屈辱と典型的差別、これら総て権力犯罪が形成したものである。一権力者が自分の誤ち（ママ：過ち）を隠蔽せんが為に暗躍し、見せ掛の体制維持のために善良な庶民を長年に渡り苦しめることなど絶対に許されない筈だ。はっきり言って本件無実証明は公正の下動かないものである。かかる実情を保持する私に対し、裁判を強要したこと事態不当の誹りを免れ得ない。そもそも裁判所は新証拠が法廷に提出された段階で厳しく本件公訴を棄却すべきであった。この事こそが裁判の神聖と正義を国民に示すものであった。

　第三．検察官の致命的欠陥は、先ず証拠に基づかず起訴をしたこと、そ

して起訴事実が破綻するや明らかな様にデッチ上げを再度行なっている。この現実が法の下許されてはならない。即ち、本件に於いて人民を起訴するためには最低限、被疑者たる右肩に二つの傷跡が要求されるのである。この事実をもつ本件に於いて、一審係争中に新証拠が出現するや、捜査当局は形振かまわず不法に走り、暗黒に血迷い、ひいては右肩に相応する問題の二つの傷跡のない私と家族に対し無法の極限を加えることにより、新証拠を押付け事足れりとしたのである。この如何様奴等は司法権が成すべき平明な検討、公正な審理という職務におけるイロハにも反逆するという、今だかつて類例を見ない不正義な実態を明々に浮き彫りにし、さらに、司法殺人の体現というべき極めて卑劣なる言辞と、ドス黒い邪心をもって、白を黒だと言いくるめたのである。延長線上にある一体化の顛末(てんまつ)こそが的確本件裁判の違法性、反逆性を見事にさらし権力主義がもつ不法性をも露骨に自己暴露しているのである。本件裁判に法を適用する資格は全くない。その証は次に述べることでも足る。本件真犯人たり得る絶対的第一条件は、右肩に二つの傷跡が存在することである。しかし、被告人にはそれに相応する傷跡は全く存在していないことは既に、装着実験により明白なところである。物証に則り私は無実だ。

　第四．ズボン等の着衣類が被告人の所有物ではないと言得る証は、外形的に全く相違する事実をもって充分に足りよう。穿けないズボンは何人も所持しない。従って、髙裁判決は紛れもなく錯覚に他ならずか、又、全くのペテンで無謀極まるインチキが、結局髙裁のあて推量とでも称されようか。かかる悪虐が無実の人間をそのことを百も承知で尚、死刑を科するという裁判官の非人間性、これこそ前代未聞の悪逆人といわざるを得ない。この判決を支えてきた不法という石積みが、司法の最高段階の公正と正義の下に一挙に崩壊することを人民と共に私は信ずる。ともあれ髙裁判決の卑劣に満たされたペテン的表現は、取りも直さず判決内容そのものの全否定であるばかりか認定の違法性を明確に決定づけているのである。かくして髙裁判決は被告人の無実性を矛盾により余すことなく告白するに至った意味をも確実にもつと言い得る。即ち、本件の要は被告人の右肩に二つの傷跡がない事実と、血染のズボンが穿けないという発見により、一、二審

有罪判決を根底から覆し致命的決定的打撃をあたえた。

　元々髙裁は証拠価値のない事柄を言いつのり、結局のところアリバイがないとか、四人を刺傷したとか、油を持ちだしたとか、当初火事場で見られなかったとか、怪我をしているとか、血染の衣類をパジャマに着替えたなどの推測等々は、つまるところ犯人ではない、物証のある私の身には毛頭関係のないところである。仮に私が火事場にいなかろうと、又どこで負傷しようと、アリバイがなかろうと、真犯人でない証拠が厳然と存在する以上、有罪理由の総ては、証明力に於いて無であり空である。即ち、アリバイ等諸事の挙悴(きょそ)が問題にされるのは、犯人として容疑が濃縮されてからである。この意味で、私のように事件と無関係な者のアリバイが仮になくともいっこうに差支えない。警察が容疑者の罪を犯したと疑うに足る資料を集めた後、初めて容疑者側にその容疑を晴らすための挙証責任が生ずるものである。本件は一審係争中に新証拠が出現した。私はそれに対し、挙証責任を果たしており、最早、最髙裁は本件を無罪にしなければ著しく正義に反することになる。

　第五．以上、物的証拠により、私の無実は百％証明された。真犯人でない被告人を勾留する必要もない。私は、当裁判所に対し身柄を即刻解放することを強く要請致します。

　右の通り趣意補充書を提出致します。
昭和53年5月18日
　右、袴田巖
　最髙裁判所　第二小法廷
　裁判長　大塚喜一郎殿

## 2　面会報告

### 2−1　2010年4月14日（水）新田渉世

（以下、新田渉世氏の「ブログ袴田巖支援報告」から引用）
　4月14日（水）に東京拘置所へ袴田さんとの面会に訪れました。
　最近面会が実現した臨床心理士さんからのアドバイスもあり、拘禁症で会話がかみ合わなくても、袴田さんが何を言いたいのか、その言葉にきちんと耳を傾け、じっくり話を聞くよう努めました。
　これまでも、そうしてきたつもりですが、今回は報告の為のメモも取らず、会話のみに集中しました。ところが、この日の袴田さんは、差し入れ用に持ってきたボクシング雑誌を見ても、
「もうボクシングは廃止された。そんな物持ってきても仕方ない」
「あんた達も面会に来ても、みんな私になっちゃうから意味がない」
　など、悲観的な言葉が多く、私もだんだん沈んできてしまいました。何十年もの間、明日、死刑執行の呼び出しがかかるかもしれない環境の中で、毎日毎日過ごしている人を前にして、誠実な態度とは一体どんな態度なのでしょうか。
「本当に何も出来なくてすみません……」
　私がそう言うと、涙なのか、ゴミなのか、袴田さんはポケットからティッシュを取り出し、目を拭きました。多少不誠実でも、多少不謹慎でも、悲観的な言葉にはあまり耳を傾けず、少しだけ気持ちに距離をおいて、世間話や楽しい話をした方が良かったかも……。
「差し入れしようと思って持ってきたんですが……」
「そんなものは意味がないからいらん」
　ボクシングの雑誌は結局差し入れしませんでした。とぼけて入れてもいいかなと思いましたが、袴田さんとの信頼関係（あるのかどうか分かりませんが）を守りたいと思ったので、今回はやめておきました。今の私に出来る事は、来月も面会に行く事くらいですか……。

## 2−2　2010年4月22日（木）袴田ひで子・山崎俊樹

（以下袴田巌さんを救援する清水・静岡市民の会山崎俊樹氏の面会報告から引用）

日時：2010年4月22日 15:17〜15:32
場所：東京拘置所10階第4面会室
面会者：袴田ひで子・山崎俊樹

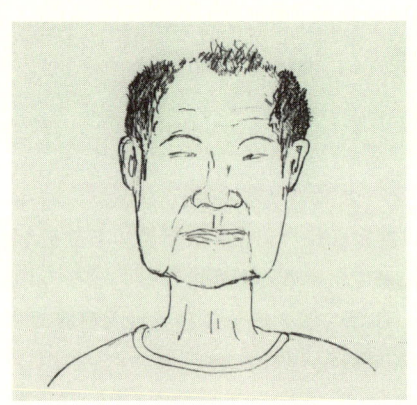

面会室での袴田巌さんのスケッチ

14：30頃に面会申込。申込者はひで子さん・平野君子さん・荒井洋子さん（共に東京の支援者）の3名分を1枚の申込書に、山崎のみを1枚の申込書にして、ひで子さんらのみ受付に提出。数分後、顔なじみの係官が私たちの前に来て、「平野さん、荒井さんは面会を認められておりません」。
　もっと面会する人を増やしてほしい旨お願いしたが「私どもには面会者についての権限はありませんので」と受け流された（当たり前のことだが、いつもの対応）。
　ひで子さんと山崎の名前で再度面会申込。面会受付番号10階148番。待っている間に、ひで子さんは衣類の差し入れを済ます。
　15時5分過ぎに面会番号が呼ばれ、11階で少し待ち、第4面会室に入ったのは15時15分過ぎ。袴田さんから見て右側がひで子さん、左側に山崎が座る。イスに座ると同時に巖さんが入ってくる。立ち合いの刑務官は（山崎にとっては）初顔であった。
　巖さんの様子は、頭は五分刈りの坊主頭だが、髪の毛が少し伸びている。多少の白髪混じりだが黒々としている。山崎は、昨年の11月以来の面会だったため、とても太って見えた（おそらく、この半年間で5kg以上太ったように見えた。山崎のこれまでの面会の中ではもっとも太っている）。74歳という年齢としては、若く見える。額右上部に白いクリーム状のものが、わずかに付いている。服装は、上下とも濃紺のフリース状のトレーナー。上着の下に濃紺のボタンで留めるカーディガン（？）。左胸に食べ物をこぼしたような跡みたいな薄い染みが付いている。顔色は良く、つやがあり、少し赤いので風呂上がり直後の、顔にクリームを塗ったばかりという感じで、つやつやして、かなりふっくらしている。そのため顔のしわは目立たない。
　昨年7月と11月に会っているが、そのときの印象とまったく違って、すごく太っている。単なる体重の増加だけでなく、病的なものを感じた。肌の色も色つやもかなりよく、（以前は良くなかった）目にも生気があるように見えたが、歩き方が頼りなくよたよた歩いてくる。猫背、歩幅も狭く、足腰は年齢以上に衰えて見えた。

以下3人のやり取り。

ひで子：元気そうだね？
巖：あぁ（何となく素っ気ない）。
ひで子：着るもんを入れといたから。
巖：ありがと。
　議連発足の記事（静岡新聞4月22日朝刊）をガラス越しに見せると、巖さんは少し身を乗り出して見たが詳しく読もうとはしない。見出しぐらいは読んだのかと思う。
山崎：今日こうやって、袴田さんの救援のために国会議員の人たちが集まったんですよ。裁判所だけでなく国会も動き出しましたから。
巖：……儀式で勝ったから、何でも保証される。世界中の知恵が集まって何でも決められる。みんな決まったことだから。
　以下ほとんど山崎が会話する。
山崎：メガネの具合はいいですか？　よく見えますか？
巖：よかぁー見えないが、読まないから。
山崎：またメガネ送りますから。体の調子はどうですか？　具合悪いところはないですか？
巖：メガネ、読まないからな。悪いところはないよ、儀式で勝って保証されているから、健康万全。
山崎：食事は大丈夫ですか？　足りていますか？
巖：大丈夫だよ。5メートルの天狗と戦わなければいけないから、5メートルになるために栄養をとらなきゃいけないから。
山崎：薬はもらっていますか？　どのくらいの量ですか？
巖：朝6粒、昼1粒、夜2粒。5メートルの天狗と戦うための栄養剤だな。
山崎：錠剤ですか、カプセルですか、粒ですか、丸く膨らんでいますか？
巖：粒だな。
山崎：ところで、おでこに白いものが付いていますがなんですか？
巖：クリームだな。世界一の知識人としてのモラルとしてのクリームだ。4種類のクリームがある。

山崎：どうやって手に入れるんですか？　買えるんですか？
巌：ここでは全部自分で決められるんだ。儀式として保証されているから。世界を取った人は世界中のお金は全部自分のものなんだ。
山崎：そうですか。ところで、袴田さん、ちょっと爪を見せてくれませんか？
巌：こうかね。

　と両手の爪を見せる。爪の色はきれいな肌色。伸びてなく、きれいに切られている。山崎の印象だが、幼い子供の手のようにどの指もふっくらとして優しい（女性的な）指をしている。

山崎：爪は自分で切るんですか？
巌：自分で切るよ。
山崎：自分で切る時、よく見えますか？

　老眼の人はメガネ（老眼鏡）をかけないと深爪をするから不便だという話を聞いたことがあったので、どの程度見えているのかを確かめたかったための質問。

巌：見えるよ。
山崎：足の爪はどうですか、自分で切りますか？

　これもまた、老眼の人から聞いた知識。老眼鏡は手元で文字を読む距離で調整されているため、手の爪はメガネをかければ切ることができるが、足の爪はメガネをかけてもはずしてもよく見えないのでとても苦労するそうだ。老眼の程度がどの程度か知りたいために質問した。

巌：足の爪は伸びんよ。厚くなる。色んな動物が入ってきて痛いことは無くなった。電波で攻撃されることは無くなった。強い電波を出すから。……爪は生きている防御のために使われた固まり。……儀式がある。
山崎：そうですか。もう1つお願いがあるんですが、ちょっと服の袖をあげて、腕を出して、指で少し強く押してくれませんか？
巌：（一瞬袖をめくろうとしたが、思い直したように強い口調で）そんな医者みたいなことは言うな！

　前述したように、私は久しぶりの面会なので、以前と比べるとずいぶん太った（むくんだ）ので、それが病的なむくみなのか、単なる肥満なのか

を確認したかった。
山崎：わかりました。お医者さんには見てもらったことはないですか？
　歯医者さんとかも。
　これも今回の面会で気が付いたことだが、右下あごの歯が（多分）1本抜けていた。前歯と奥歯の中間にある歯（犬歯の隣の歯、多分下顎第2小臼歯）で、会話をしている際、その部分の歯が無かった。前歯だったら直ぐわかるが、少しわかりにくい位置だった。虫歯の治療で抜いたのか（拘置所はほとんど治療をせず、ただ抜くだけらしい）、それとも歯周病で抜けたのか、何らかの抑圧（暴行）を受けた結果なのか……。
巖：ない。
ひで子：服は合うかね。実（今年亡くなった巖さんのすぐ上のお兄さん）の服だよ。
巖：ミノル……？
ひで子：実あにぃの服だよ。直さんでいいな。
山崎：お兄さんの服ですよ。
巖：お兄さん……？　そんなことは嘘。ここでは与えられるから（多分服が与えられるという意味だと思う）。
山崎：最近は何かビデオを見ましたか？
巖：霊の世界のものを見た。
山崎：どんなことでしたか？
巖：霊の世界の状況だな（具体的な内容の説明はできない）。
山崎：どのくらいビデオを見ますか？
巖：1ヶ月に3回だな。
山崎：映画は見ないんですか？『釣りバカ日誌』とか、『男はつらいよ』とか、袴田さんが好きな小林旭の映画とか。
巖：高倉健の映画を見た。
山崎：どんなものですか？
巖：高倉健が刑事課長で……利益で大きくなっていく……（具体的な説明はできない）。
山崎：そうですか、来月は西嶋弁護団長が来ますから、会って下さいね。

ところで服とかいらなくなったらどうしますか？　宅下げにしてくれませんか？

巖：捨てられるから（捨てることができるという意味）、自分で決められるから。

山崎：今度手紙を入れますから、返事を出してくれませんか？

巖：それは無理だな、みんな変えられちゃうから、書いても。悪魔を殺すための手紙をもらって、悪魔が……（少し饒舌にしゃべり出す）。

刑務官：終わりです。

巖：はいよ（立ち上がる）。

ひで子・山崎：じゃ、また……。

　刑務官に促されることも、後ろを振り返ることもなく、面会室を何事もなかったかのように出て行く。猫背で、歩き方も歩幅が狭く頼りない。

　以下、山崎の私見。

　ひで子さんの話によると、巖さんは医者嫌い（"殺される"という恐怖があるのだと思う）で、面会の際、刑務官から「医者にかかるように言って（説得して）下さい」と頼まれたこともある。医者に関する本人の反応から、どうも定期的な健康診断・カウンセリング・問診などは受けていないような気がする。また、私の想像だが、食事制限に対して、ものすごい抵抗をした結果（例えば暴れるとか）、食事制限をはずし、甘い物などの購入を許し、拘置所は好きなだけ食べさせている可能性がある。所持金の使用年月日と内訳も把握した方が良いと思う。

## 2－3　2010年5月26日（水）新田渉世

（以下、新田渉世氏の「ブログ袴田巖支援報告」から引用）

　13:00頃に東京拘置所到着。「再審を求める会」共同代表の福田勇人氏と、フリーライターの渋谷淳氏と共に面会申請をしたが、いつもと同様に「福田氏と渋谷氏の面会は認められていない」とのことでした。

　13:45頃、いつもよりも呼び出しに時間がかかったが、ようやく面会フ

ロアへ上がりました。しかし、ここでもしばらく待たされ、14:00頃に面会室へ入ることが出来ました。袴田さんは、オシャレな半袖シャツ、白黒のスウェットパンツといういでたち。それほど太っている印象はなかったが、顔の盤が以前より大きいという印象を受けました。

新田：呼び出しから時間がかかったのですが、何か忙しかったんですか？
巌：いや、拘置所の人達が何か忙しそうだったみたいですね。
新田：最近、面会に来る人は多いですか？
巌：うーん、あまり無いですかね……（実際にはかなり増えているはず）。
新田：今日も福田さんという方が一緒に面会に来たんですが、許可されなかったんです。袴田さんによろしくと言っていました。
巌：ああ、そうですか。
新田：ボクみたいなのが面会に来るより、たまには若くてキレイな女性が来た方がいいですよね？
巌：何十年もここにいたら、そんな気持ちもなくなるな。
新田：世界王座を10度防衛していた長谷川穂積選手が負けてしまいました。でも、西岡利晃選手が4度連続のKO防衛を果たしたんです。
巌：ほう、そうですか。
新田：悲しいニュースがありまして……。エドウィン・バレロという世界王者が自殺してしまったんです。27戦27勝（27KO）という凄いチャンピオンだったんですが……。
巌：ふーん、なるほどね……（そっけないが、しっかり話を認識している様子）。
新田：袴田さんに関する本が出版されたんです。これです（『美談の男』（鉄人社）を見せる）。熊本典道という元裁判官の事が描かれているんですが、熊本さんて知っていますか？
巌：熊本……？　うーん、知らんなあ。
新田：最近は、映画や本など、袴田さんに関連するものが続けて世間に発表されています。多くの人に袴田さんのことを知ってもらい、少しでも良い方向に進めばと思ってるんです。

巌：まあ、全ては血で出来ているからな。5メートルの天狗がいるから……（事件絡みの話題には触れたくないのだろうか）。

新田：袴田さんは年間試合数の日本記録を持っているそうですね。19試合でしたっけ？　今の時代は年間4試合くらいがいいところです。

巌：やっぱり打たれないということだな。私らの頃は月に2回やった。

新田：今は安全重視になってきて、せいぜい3ヶ月に1試合くらいが平均ですね。僕も多い方だと思うんですが、それでも34戦ですからね。

巌：私は3万戦3万勝（3万KO）だ。

新田：今の時代はボクシングではなかなか食べてゆけません。日本チャンピオンでさえもアルバイトしながらという選手がいますから。

巌：やっぱりファイトマネーが沢山なきゃいかん。昔はチャンピオンなら蔵が建った。金のあるスポンサーがいないといかんな……。

新田：僕はボクシング協会の役員もしていて、力は無いんですが頑張らないといけないですね。

巌：頑張っていりゃ、いいこともあるってもんだ。

　その他、記憶から抜けている点もありますが、大体以上のような会話をしました。今回は、精神的に安定している様子でした。表情も穏やかで、割と心の通う会話が出来たような気がします。「頑張っていりゃ、いいこともあるってもんだ」という発言には驚かされました。袴田さんの口から、こんな前向きな言葉を聞いたのは、もしかしたら初めてかもしれません。

　面会後、ボクシングマガジン6月号、ボクシングワールド6月号を差し入れました。福田氏はいつものように花束を差し入れしました。

# あとがき

　2010年4月8日、亡き母の誕生日、亡き父の命日だった。花伝社の佐藤君から電話があった。「先生は、以前袴田事件について本を出したいと言っておられましたね。いかがですか」。
　私には、何の迷いもなかった。とにかく、袴田巖を救いたい。まだ見ぬ君ではあるが、姉ひで子さんのためでなく、冤罪に苦しめられてきたすべて人々のためにも、無論、君のためにも、わずかな力を添えることができればということで、この依頼を喜んで受けることに決めた。折しも、袴田ひで子さんとの電話で、映画『BOX　袴田事件　命とは』の試写会があり、5月末に封切られることも耳にした。
　私は今まで、この事件の弁護団に加わるわけでもなく、様々な支援集会に参加するわけでもなかった。かように不心者の弁護士が、この事件について何か書いて何をアピールできるかということについての迷いはあった。しかし、すべては袴田君のために決断した。冤罪再審となった著名事件とは異なり、これだけの事件でありながら、社会的な反応がかんばしくない。この事件には何か不可解な事情がある。真犯人が無論別にいて、清水という土地柄、ある時代に関係者がおり、とある暴力団の構成員などが専務の家族の口を塞いできた、さらには、味噌営業を他人の力を借りて乗っ取ろうとしたのかもしれない、などと思ったこともある。
　いま私は、冤罪袴田事件について歯に衣を着せることなく、あからさまに、捜査当局の事実認識や司法による判決を忌憚なく断罪する所存である。私には、裁判所や検察と警察の動向に気を遣うことは何もない。この事件に関する捜査や裁判資料を紐解くと、警察の捜査も検察のあり方も裁判所の判決も、およそ信じることができないのである。声高に叫びたい。まさしく、この事件は冤罪である。そして、袴田巖は無実だ。

　私はこの事件について、2つの書物、まず、高杉晋吾『地獄のゴングが鳴った』(三一書房・1981年)、その後、山本徹美『袴田事件』(悠思社・

1993年、新風舎文庫・2004年）により、詳細な紹介を受けた。しかし、疑心暗鬼は募るばかりであった。およそ、この事件のあらましを一瞥しただけでも、警察・検察により作成されたストーリー（事件像）が、全体的に矛盾していることを確信した。要するに荒唐無稽であり、支離滅裂に過ぎると判断したのである。

その具体的な指摘は、本書で全面的に行った。それでも現在に至るまで、日本の警察、検察、そして司法は、従前の判断を肯定・是認し続けているのである。体面を保身するだけであって、ここには、社会正義が一欠片も見られないのである。

私は、法科大学院で教鞭を執る身でもある。将来の法曹を祈願して、多くの学生が日々勉学に勤しみ、過酷な司法試験に挑戦しようとしている。私は学生諸君に、社会の付託に答えるために何よりも必要なことを求めている。法理論や学説、判例を詳細に暗記したり、記憶することよりも重要なことがあると。それは、真偽を見極める力と優しい人間性を涵養することである。そして、事実を正確に認識する能力を身につけるということである。法曹である前に常識、いや良識ある人であって欲しいと祈念するのである。

しかし、わが国でも、法曹が真実を見ることなく、聴くこともなく、語ることもない事実が証明されている。あの忌まわしい大逆事件、とくに幸徳大逆事件はその最悪の例である。また、横浜事件も顕著な例だ。

法曹が真実を求めるどころか、真実を歪曲する。無辜の民は吊され、縊られたのだ。司法は牽強付会、曲筆舞文の使い手に堕落した。司法などとは名ばかり、その担い手がやがて首相（平沼騏一郎）となる国なのだ。日本の司法において、横浜事件が再審の対象になったとしても、大逆事件にはその声が届いていない。坂本清馬の再審請求は、無視されたのだ。

そして、今なお再審を求めている多くの人々がいる。44年間、無罪を訴えている袴田巌もその1人なのだ。さらに、飯塚事件における久間三千年さんのように、それを求めている最中に縊られた無辜の民がいる。

このあとがきを書く前に、2月19日に放映されたNHKのETV特集「裁判員へ―元死刑囚　免田栄の旅―」の録画を見直した。免田栄さんの34年半の獄中人生を贖うものは一体何だろうか。
　私も自戒する。熊本大学に赴任していたときにも、人吉や球磨川を見学はしたが、冤罪に格別な関心を持たなかったからだ。しかし、仙台での大学院時代にしばしば見た、松山事件の斉藤幸夫さんの母親ヒデさんが吹雪の日に、地元のデパートの前でカンパを求めていたあの姿が、なぜか脳裏を離れない。

　今回の出版にあたって、多くの方のご尽力を得た。まず、再審弁護団の事務局長小川秀世弁護士から、早速、袴田事件に関する基礎データを提供していただいた。見聞したことのない資料にも触れて執筆意欲も高揚した。本書に掲載した写真の大半は、小川弁護士より提供されたものである。とはいえ、本書で書き残したことは多々ある。紙幅の制限もあるので断念せざるをえなかった。読者の御理解をいただきたい。
　本書は、第1部および第3部の署名原稿を除き、すべてを矢澤が執筆した。第1部には、支援者など多くの方々の、袴田巖を支援し救いたいという切実な声を掲載することができた。清水袴田救援会事務局長の山崎俊樹さんの精力的なご協力の賜である。また、第2部についても、特に第2次再審請求の新規証拠となる味噌づけ実験報告書の基礎となる事項について貴重なご指摘をいただいた。第2部は、高杉氏と山本氏の御著書を基礎とさせていただいた。そもそも、この事件の概要について教えていただいたのは、高杉氏のこの労作であった。第3部では、袴田巖の獄中からの真摯な想いや叫び声を一部ではあるが届けることができたと思う。東日本ボクシング協会の袴田巖支援委員会委員長新田渉世さんらによる袴田との面接報告も袴田の危機的な現況を伝えるに資すると思う。また、資料として、袴田事件に関する英文の紹介も載せることにした。この使用については、現代人文社の成澤壽信社長のご快諾を得た。
　さらに、本書の作成過程では、袴田巖さんの再審を求める会の福田勇人さん、(有)ハンド・メイドの越野勝彦社長にも、いろいろお世話をいた

だいた。最後に、本書の作成においても、花伝社の平田勝社長のご理解の下、編集では佐藤恭介さんの全面的なご尽力をいただいた。こうして、本書を世に出すに当たり、お世話になり、後押ししていただいた皆様方に、記して感謝の意を表する次第である。

　私は弁護士として、冤罪の犠牲者やそれらの支援者に少しでも助力しようと思う。そして、この度は思い切り、この想いを袴田巖の救済に向けた次第である。本書を著すにあたり、敢えて、エートスよりもパトスを重視した。そして、44年間の袴田巖の想いを感性に託して、こころから読者に叫びたい。

　袴田巖の想いを天まで届かせ、再審を実現しよう！
　そして、袴田巖を救済しよう！
　Free Hakamada Now！

**参考文献**

清瀬一郎『拷問捜査幸浦・二俣の怪事件』(日本評論社、1959)
上田誠吉・後藤昌次郎『誤まった裁判—八つの刑事事件—』(岩波書店、1960)
正木ひろし・鈴木忠五『告発——犯人は別にいる』(実業之日本社、1960)
正木ひろし『エン罪の内幕』(三省堂、1970)
青地晨「丸正事件」(『冤罪の恐怖無実の叫び』社会思想社、1975、所収)
丸正事件再審をかちとる東京・神奈川の会『開かずの門へ　丸正事件は終っていない』(1978)
佐木隆三『誓いて我に告げよ』(角川書店、1978、角川文庫、1984)
後藤昌次郎『冤罪』(岩波新書、1979)(『冤罪の諸相』日本評論社、2010、所収)
高杉晋吾『地獄のゴングが鳴った』(三一書房、1981)
佐藤友之・真壁昊『冤罪の戦後史』(図書出版社、1981)
朝日新聞社編『無実は無罪に』(すずさわ書店、1984)
鈴木忠五『世にも不思議な丸正事件』(谷沢書房、1985)
カトリック正義と平和協議会『獄中の祈り—無実の死刑囚、袴田巖の日記より—』(1988)
袴田巖・袴田巖さんを救う会編『主よ、いつまでですか　—無実の死刑囚袴田巖獄中書簡』(新教出版社、1992)
山本徹美『袴田事件』(悠思社、1993、新風舎文庫、2004)
山崎兵八『現場刑事の告発—二俣事件の真相—』(ふくろう書房、1997)
浜田寿美男『自白の心理学』(岩波新書、2001)
秋山賢三『裁判官はなぜ誤るのか』(岩波新書、2002)
袴田事件弁護団編『はけないズボンで死刑判決——検証・袴田事件』(現代人文社、2003)
門田隆将『裁判官が日本を滅ぼす』(新潮文庫、2006)
浜田寿美男『自白が無罪を証明する』(北大路書房、2006)
矢澤曻治編著『冤罪はいつまで続くのか』(花伝社、2009)
尾方誠規『美談の男』(鉄人社、2010)
山平重樹『裁かれるのは我なり』(双葉社、2010)

# Imagine the situation of Hakamada, prisoner awaiting execution !
― Forty-four long years ―

Is Iwao Hakamada Really The Perpetrator ?
In 1966 at a miso factory in the city of Shimizu in Shizuoka Prefecture, the managing Director and three members of his family were murdered. The police had decided from the start that the criminal was a man by the name of Iwao Hakamada and coerced him into making a confession. The courts, unable to recognize this error, handed down the death sentence.
An exhaustive examination of the case reveals more than a few question marks. Furthermore, it becomes clear that evidence has been fabricated.

Photograph : Tokyo Detention Center where Hakamada awaits execution

## Hakamada now - as a criminal on death row
Let us take a look at what kind of person Hakamada is. Hakamada was born on March 1936 in Yuto-cho, Hamana-gun, Shizuoka Prefecture. After graduating junior high school, he went on to become a professional featherweight boxer ranked sixth in Japan. However having ruined his physical health the year before the incident occurred, he became an employee of the miso factory and took up residence on the second floor of the factory dormitory. Anyone who knows Hakamada from his boxing days comments that, on the contrary Hakamada was tender-natured and not suited to be a boxer with his gentle personality. Since his arrest on August 18 1966 as the suspect of this incident, long period of over forty-four years has passed, in which Hakamada's freedom has been robbed as he is detained in the Tokyo Detention Center, awaiting execution.

## Despair ... Solitude ...
The letters, which were sent by Hakamada in the early stages of his imprisonment, are filled with hope for his trial. This is because he believed that the court would realize his innocence. However, the court sentenced him to death, pushing him into the depths of despair.
Since his appeal was dismissed by the Supreme Court, Hakamada's detainment as a criminal on death row for over twenty years, has gradually eaten at his heart, and, since 1985, his detention syndrome has grown continually worse. The

conversations he has with his elder sister, Hideko, during visiting hours, gradually became largely incomprehensible with comments such as "there's a guy in here (Tokyo Detention Center) giving out electric waves which hurt so much can't stand it" and "there is poison in the meals."

Hakamada's strange behaviour has also been recorded in reports produced by the Tokyo Detention Center, with observations such as "he was walking a strange manner with a confectionary packet covering his face","wandering around walking side ways pretending to be a crab," "He washed everything in the meal given to him and then ate it.""He refused everything his meal except for a can of food claiming everything else had been poisoned."His mental stability quite clearly took a turn for the worse.

Before long, Hakamada refused to be interviewed by his lawyer claiming that the likes of a trial had nothing to with him, and finally be stopped is elder sister, Hideko. Who had visited him every month during visiting hours, saying that he did not have a sister and that he had no business with her.

In particular, after the dismissal of the motion for a retrial in August 1994, visits with his family consisted of just three occasions in 1994, two occasions in1995, and from 1996 to 1998 he did not meet with his family at all. All the same, Hideko continued request to visit Hakamada. However, she was able to see him only in February 1999 and December 2002. Alas, these visits were only several minutes long, consisting of just looking at Hakamada, with him not in a state to hold a conversation. A lawyer has not been able to visit Hakamada for close to ten years,

In the following eight years until December 2002, all that was sent from the prison were five post cards. The content of the post cards demonstrated Hakamada's mental illness, with comments such as "Now, I am in the country of God, I am fighting a monkey more than 3000 metres high."However, after 1995, even the post cards stopped arriving.

### Seized with fear

In present day Japan, criminals on death row are isolated in a solitary cell the size of two-tatami mats with a small window, The daily life of the prisoners is exposed to the strict surveillance of the detention center employees, with just thirty minutes of exercise a day, and bathing allowed two or three times a week. The rest of the time is spent sitting in the cell reading or writing letters.

"Cut off their relations with society and let them do nothing but wait alone for the death sentence to be carried out. " – this is the treatment of criminals on death row in Japan as determined by the Ministry of Justice. Death row prisoners are notified that the death sentence will be carried out on the morning of that day.

"Every morning, when I heard the footsteps of the detention centers staff; my heart felt like it would burst out of my body. I was sure that they had come to get me (for execution)." (Shimada Case, ex-death row condemned criminal, Masao Akahori).

In reality, after the Supreme Court finalized the death sentence, Hakamada in the visiting room divided by an acrylic dividing partition, his body and voice trembling, apparently hurriedly greeted his elder sister, Hideko, when she came to visit him.

He then said: "There was an execution today. He wished us luck before being taken away."

Contact with the outside is rigorously restricted, and exchange of letters and visits are generally limited to family and lawyers. However, if we limit our look at death row to Hakamada, the strict treatment of these prisoners on death row is such that it makes no sense. Hakamada's mental illness (detention syndrome) has reached such serious heights, that there is no way to ascertain his requirements or state of health.

Finding myself in the unique situation as a criminal on death row, condemned on trumped up charges, I am now well acquainted with the cruelty of the death penalty. Everyone with a final sentence (on death row) says the same thing: that the death penalty is terrifying. But, in fact, it is not the death penalty itself that is terrifying; it is the unbearable formidability of your own terrified heart when experiencing these feeling of fear (from a letter Hakamada during imprisonment).

Filled with despair by a court, which will not recognize his innocence, Hakamada is now cast in a place of loneliness and fear of not knowing when he will be executed, Hakamada is already seventy-four years old; there is no time to waste in restoring his freedom. As was elucidated throughout this book, Hakamada's innocence is obvious. The court must without delay commence a retrial and acknowledge Hakamada's innocence.

### Detention Syndrome (Reactive Psychosis)

A mental disorder experienced by a person when detained in a prison, detention center, concentration camp or other place.

### Symptoms:

Sudden bursts of anger, screaming, crying and laughing, etc. (emotional outbursts)
Hitting walls and doors repeatedly, and destroying various objects (Physical outbursts)
Becoming bedridden to the point where the person does not respond to surrounding stimuli or eat meals (state of confusion)
Giving mistaken answers on purpose (reaction demonstrating irrelevance)
Speaking and acting like a child (infantile syndrome)
Intentionally cannot understand easy facts and calculations (pseudo- dementia)
Symptoms similar to acute phase psychosis and complaints of delusions.


Compiled by the Hakamada Case Defense Counsel,
Translated by Kellie Moriyoshi,
With special thanks to Benjamin Jennings
Authorized by GENDAIJINBUN-SHA
Genjin Booklet 37, A Scrutiny of the Hakamada Case

## 袴田事件関係年表 (敬称略)

1966(S41)年
6月30日　静岡県旧清水市の味噌製造会社専務宅が放火され全焼。焼跡から専務と妻・次女・長男の他殺体を発見
　　　　　会社の売上金約8万円が奪われたとされる
　　　　　犯行時間は裁判所の認定によれば「午前1時すぎ頃」。侵入、金品物色、4名殺害、脱出、放火のために再侵入、放火後、再脱出したと裁判所は認定
　　　　　夕刊でクリ小刀、刃物の鞘発見報道
7月 1日　現場検証。夕刊で雨合羽発見報道
7月 4日　現場検証。静岡県警が事件現場近くの味噌製造工場と従業員寮を家宅捜索。住込み従業員だった元プロボクサーの袴田巌の部屋から、微量の血液らしきものが付着したパジャマを押収し、重要参考人として深夜まで事情聴取
　　　　　当日の夕刊には「血染めのパジャマ発見」と報道。ただし、検事の調書ではなぜか7月19日
7月12日　富士急行バス国鉄吉原駅行のバス内で、現金8万円余の入った財布と火事見舞い礼状の拾得届出（7月26日になり、ようやく報道）。ただし、検察の調書ではなぜか7月19日
8月18日　静岡県警が強盗殺人・放火・窃盗容疑で袴田を逮捕（袴田は罪状否認）。パジャマに付着した血痕と油が決め手
8月22日　袴田の元同僚の松下の自宅、家宅捜索
8月27日　袴田にポリグラフ・テスト。嘘発見器に反応、警察当局「自白間近」と確信
9月 6日　勾留期限3日前に袴田が犯行を「自白」。袴田「パジャマ着て犯行」
9月 9日　静岡地検が住居侵入・強盗殺人・放火罪で起訴
　　　　　他日、この日の検察官の調書のみが任意性があるとして証拠採用、他の44通は証拠から排除
9月13日　清水郵便局内で「イワオ」と書かれたお札などが入った差出人不明の清水警察署宛封筒を郵便局員が発見
9月23日　松下文子、盗品保管の容疑で再逮捕
11月15日　静岡地裁の第1回公判で袴田が犯行を全面否認

1967(S42)年
8月31日　味噌製造会社従業員が工場内味噌タンクから、血染めの「5点の衣類」を発見。ズボン左前ポケットには放火を示唆するマッチ、けがの治療を示唆する絆創膏が入っていた
9月12日　静岡県警が袴田の実家を家宅捜索し、5点の衣類の1つである鉄紺色ズボンの共布を「発見」。押収目的物は手袋とバンドだったが、新品の共布を「これこそがみそ漬けズボンの共布だ」として押収
9月13日　急遽開かれた公判で、検察官は冒頭陳述の犯行着衣をパジャマから5点の衣類に変更
　　　　　この公判は、9月11日に急遽決まったもの。袴田は手紙の中で「真犯人が動き出した証拠である」と、衣類の出現が自分に有利になったとした

1968(S43)年
9月11日　静岡地裁が死刑判決。裁判所は判決の中で、犯行着衣は5点の衣類、その後その衣類をパジャマに着替え、パジャマ姿で放火をしたと認定
　　　　　東京高裁に控訴

11月17日　袴田とも（母）死去

1969(S44)年
4月11日　袴田庄市（父）死去
5月29日　控訴審第1回公判開廷

1971(S46)年
11月20日　5点の衣類の装着実験が実施され、袴田には鉄紺色ズボンがはけないことが判明
　　　　　衣類の装着実験はこの後も2回実施され、いずれもズボンは袴田にははくことができなかった

1976(S51)年
5月18日　東京高裁が控訴棄却（死刑判決）
5月19日　最高裁に上告

1980(S55)年
11月19日　最高裁が上告棄却
11月28日　最高裁に判決訂正申立
12月12日　最高裁が判決訂正申立棄却決定送達。死刑判決確定

1981(S56)年
4月20日　静岡地裁に再審請求（第1次）

1989(H1)年
3月14日　東京拘置所長に恩赦（減刑）出願

1992(H4)年
2月28日　東京地裁に人身保護請求（第1次）
7月27日　東京高裁に人身保護請求（第2次）
8月5日　東京地裁が第1次人身保護請求却下。最高裁に特別抗告
12月18日　最高裁が人身保護請求特別抗告却下

1993(H5)年
1月13日　東京地裁（高裁から移送）が第2次人身保護請求棄却

1994(H6)年
8月8日　静岡地裁が再審請求棄却
8月12日　東京高裁に即時抗告

1995(H7)年
4月4日　東京高裁に人身保護請求（第3次）

1998(H10)年
6月25日　東京高裁が第3次人身保護請求棄却

2001(H13)年
　　　　　5点の衣類のDNA型鑑定で「鑑定不能」

2004(H16)年
2月20日　静岡家裁浜松支部に後見開始申立
8月26日　東京高裁が即時抗告棄却
9月1日　最高裁に特別抗告（第二小法廷）

2005(H17)年
3月　　　東京家裁から鑑定依頼を受けた精神科医による東京拘置所での問診を袴田が拒否

11月14日　中央更生保護審査会に恩赦出願理由補充書提出

## 2007(H19)年

2月　　　一審静岡地裁の主任裁判官、熊本典道元裁判官が評議の内容を告白。「自分は無罪を確信した」

5月16日　東京家裁調査官2名が東京拘置所で面接調査実施

5月18日　東京家裁調査官が調査報告書提出

8月27日　弁護団が日本精神神経学会に袴田の精神状態に関する意見書作成依頼

9月20日　東京拘置所長に恩赦出願の結果に関する弁護士会照会実施

9月27日　恩赦に関する弁護士会照会について、東京拘置所長から「現時点まで却下通知はない」旨の回答

10月16日　日本精神神経学会から指名された精神科医が東京拘置所で問診実施

10月23日　東京家裁から鑑定依頼を受けた精神科医が東京拘置所で1回目の問診実施

10月25日　同精神科医が2回目の問診実施

11月 7日　同精神科医が東京家裁に鑑定書提出

## 2008(H20)年

1月13日　日弁連人権擁護委員会に人権救済申立

2月11日　同精神科医が東京家裁に鑑定結果補充・訂正書提出

3月24日　最高裁が特別抗告棄却（第1次）

4月25日　静岡地裁に再審請求（第2次）

6月27日　東京家裁が後見開始申立却下審判

7月10日　弁護団が東京高裁に後見開始申立却下に対し即時抗告

8月11日　日本精神神経学会から指名された精神科医が弁護団に意見書提出

10月10日　東京高裁に即時抗告（後見開始申立却下）理由補充書提出

11月 7日　弁護団が病院移送と死刑執行停止を求める申入書（精神科医の鑑定書および意見書添付）を法務省に提出

12月19日　東京高裁が即時抗告審（後見開始申立却下）で原審判破棄・差戻決定

## 2009(H21)年

3月 2日　東京家裁、保佐開始決定。姉の袴田ひで子さんを保佐人に選任

7月24日　静岡地裁で第1回三者協議開催

12月14日　静岡地裁で第2回三者協議開催

## 2010(H22)年

4月22日　「袴田巖死刑囚救援議員連盟」設立総会開催

5月28日　静岡地裁で第3回三者協議開催

矢澤 昇治（やざわ・しょうじ）
1948年新潟県生まれ。長岡高校卒。1971年金沢大学法文学部法律学科卒業。1978年フランス国ストラスブール第三大学第三博士課程退学、1979年東北大学大学院法学研究科私法学専攻博士後期課程退学。
熊本大学法学部専任講師を経て、現在、専修大学法科大学院教授（「国際私法」「国際民事紛争解決」「環境と法」担当）。1992年弁護士登録（第二東京弁護士会）。
主な著作に、『カリフォルニア州家族法』（翻訳、国際書院、1989年）、『ハワイ州家族法』（翻訳、国際書院、1992年）、『フランス国際民事訴訟法の研究』（創文社、1995年）、『環境法の諸相──有害産業廃棄物問題を手がかりに（専修大学社会科学研究所社会科学研究叢書）』（編著、専修大学出版局、2003年）、『殺人罪に問われた医師』（現代人文社、2006年）、『冤罪はいつまで続くのか』（編著、花伝社、2009年）などがある。

法律事務所：〒102-0073
　　　　　東京都千代田区九段北1-9-5　朝日九段マンション516
　　　　　おおとり総合法律事務所
　　　　　E-mail:shojiyzw@cb.mbn.or.jp

袴田巖さんの再審を開き、無罪を勝ち取る全国ネットワーク
　　　*http://www4.tokai.or.jp/hakamada.net/*

## 袴田巖は無実だ

2010年8月1日　　初版第1刷発行

編著者 ── 矢澤昇治
発行者 ── 平田　勝
発行 ─── 花伝社
発売 ─── 共栄書房
〒101-0065　東京都千代田区西神田2-7-6 川合ビル
電話　　　03-3263-3813
FAX　　　03-3239-8272
E-mail　　kadensha@muf.biglobe.ne.jp
URL　　　http://kadensha.net
振替　　　00140-6-59661
装幀 ── テラカワアキヒロ
印刷・製本 － シナノ印刷株式会社

ⓒ2010　矢澤昇治
ISBN978-4-7634-0579-1 C0036

# 冤罪はいつまで続くのか

矢澤曻治　編著　定価（本体1700円＋税）

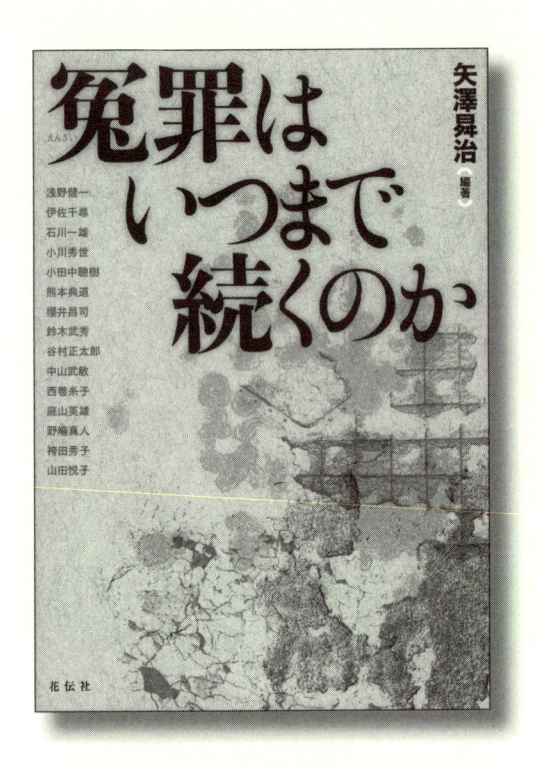

執筆者：
浅野健一
伊佐千尋
石川一雄
小川秀世
小田中聰樹
熊本典道
櫻井昌司
鈴木武秀
谷村正太郎
中山武敏
西巻糸子
庭山英雄
野嶋真人
袴田秀子
山田悦子

花伝社

●冤罪が作り出される構造を、多角的視点から徹底検証
他人事ではすまされない！　冤罪に翻弄された人生の叫び。
繰り返される悲劇を、どう断ち切るか。「足利事件」で白日のものとなった冤罪の構造を、裁判員制度を機に改めて考える。

# 死刑廃止論

亀井静香 著　定価（本体800円＋税）

●死刑廃止は世界の流れ
死刑は、なぜ廃止すべきか。
死刑廃止を推進する議員連盟会長・亀井静香議員が国民的論議を呼びかける。

## 花伝社の本

### 反貧困
半生の記

宇都宮健児 著
定価（本体 1700 円＋税）

●人のためなら、強くなれる
人生、カネがすべてにあらず。カネがすべての世の中にこんな生き方があった。日本の貧困と戦い続けた、ある弁護士の半生の記。
年越し派遣村から見えてきたもの。「弱肉弱食」社会を考える──対談・宮部みゆき

---

### 市場原理主義と高金利マネー
奪う！　カネも人の命も

鈴木久清 著
定価（本体 1700 円＋税）

●クレジット・サラ金・ヤミ金・サブプライムローン……高利金融＝強欲の野獣が人びとの家計を襲う！
古代から現代まで横行してきた高利金融、その本性は何か。
高金利引き下げ運動の勝利から、次の課題に向けて──。

---

### 水俣から未来を見つめて PART Ⅱ

水俣病裁判提訴40周年・記念誌編集委員会 編
定価（本体 1500 円＋税）

●水俣病特措法の実施、チッソ分社化で水俣病患者の救済はどうなる
不知火海の環境汚染によって、人類が初めて経験した水俣病。「終わって」はまた「始まる」という水俣病問題の悲劇を繰り返してはならない。

---

### 「激変の時代」のコンビニ・フランチャイズ
オーナーたちは、いま

植田忠義 著
定価（本体 1500 円＋税）

●コンビニなどフランチャイズ業界にいま、何が起こっているのか？
生活インフラとしてのコンビニ。成長産業としてのフランチャイズ。
次の成長への模索と探求の時代。ルールなきFC業界に明日はない。
オーナーと本部の新しい関係を探る。

---

### コンビニの光と影　新装版

本間重紀 編
定価（本体 2500 円＋税）

●コンビニは現代の「奴隷の契約」？
オーナーたちの悲痛な訴え。激増するコンビニ訴訟。「繁栄」の影で、いま何が起こっているのか……。働いても働いても儲からないシステム──共存共栄の理念はどこへ行ったか？　優越的地位の濫用──契約構造の徹底分析。コンビニ改革の方向性を探る。

---

### 裁判員制度を批判する

小田中聰樹 著
定価（本体 1700 円＋税）

●公正な裁判は果たして可能か？
〈公判前整理手続〉とセットになった裁判員制度は、被告人の防御権・弁護権を侵害する危険性が高い。
日本の刑事裁判の実態を踏まえて、裁判員制度の問題点を徹底分析。

## 花伝社の本

### 有料老人ホーム　大倒産時代を回避せよ

濱田孝一　著
定価（本体1700円＋税）

●このままでは大量倒産時代が来る！
開設ありきの安易な事業計画、数年後には表面化する経営リスク。行き場を失う高齢者・入居者の保護対策を急げ！
厚労省と国交省の縄張り争いの中から生まれた、「有料老人ホーム」と「高専賃」の混乱の実態と矛盾を衝く。

### 有料老人ホームがあぶない
崩壊する高齢者住宅事業

濱田孝一　著
定価（本体1600円＋税）

●トラブル激増、倒産の危機に立つ有料老人ホーム
迷走する介護保険・高齢者住宅事業。行き場を失う高齢者。問題の根幹はどこにあるか？
大量倒産・崩壊をどう回避するか？

### 〈研修生〉という名の奴隷労働
外国人労働者問題とこれからの日本

「外国人労働者問題とこれからの日本」編集委員会　編
定価（本体1500円＋税）

●「私たちは人間です！」
労働現場の最底辺に位置する外国人研修生たちの衝撃の実態！　基本給6万円に残業時給300円、休日は月に1日。パスポート、通帳を取り上げられ、ケータイ禁止、工場に閉じこもって連日深夜までの労働……。聴け、外国人研修生の叫びを！

### 闇に消えた1100億円
巨大詐欺・大和都市管財事件国賠の闘い

今西憲之　著
大和都市管財被害者弁護団　監修
定価（本体1500円＋税）

●平成最大級の詐欺事件を舞台にした人間ドキュメント
自殺、破産——人生のすべてを失った被害者たち。腐敗と怠慢を繰り返した多くの官僚たち。たった一人、勇気ある証言者となった官僚のドラマ。官僚の不正を暴露し警鐘を鳴らした、史上初めての財産被害における消費者勝利の国賠判決への軌跡。原口一博総務相推薦！

### 川辺川ダム・荒瀬ダム
### 脱ダムの方法
住民が提案したダムなし治水

くまもと地域自治体研究所　編
定価（本体1000円＋税）

●今こそ「ダムなし治水」への転換を
ダムによらない治水。ダムによらない地域振興策。地元中小建設業者ができる、流域の環境整備への提言。

### アメリカ食は早死にする
ハンバーガー・フライドチキンはおやめなさい

船瀬俊介　著
定価（本体1600円＋税）

●「和食」こそ超ヘルシー
日本人の「からだ」と「こころ」が壊れていく……。栄養学の常識を覆す衝撃の本！　主婦・教師・医師・栄養士必読。